U0002407

沒問題！一切都能稱心如意

善用潛意識，打造夢想人生

大丈夫！すべて思い通り。
一瞬で現実が変わる無意識のつかいかた

Honami 著
楊鈺儀 譯

想冒昧請問一下，
你打從心底對自己現今的人生
感到滿足嗎？

面對未來

你有信心說：

「我的未來是一片光明！」嗎？

你是打從心底展現笑容，
興奮地
度過每一天的嗎？

若你無法順利做出回答，
或是回答出了ＮＯ，
那請務必
繼續閱讀下去。

希望闔上這本書時，
你的心中
會充滿溫暖，
以及對未來的希望……

前言

初次見面，我是**Honami**。

我會透過YouTube以及IG告訴大家一些訣竅，**讓大家能用最小限度的力道，發揮出最大限度的力量，輕鬆地在最短距離內就能實現夢想及目標。**

若問我為什麼要像這樣發送這些訊息給大家，那是因為我有在研究人類的潛意識，並且透過不斷實驗後，讓人生出現了劇烈的改變。

契機是在我國中二年級的時候。

之後我會在本文中詳細告訴大家這件事。當時的我是單眼皮且性格陰暗，但透過實踐這個法則，**只用一個月就變成了雙眼皮，性格也像是換了一個人般，變得陽光開朗！**

之後我持續實驗，結果從魚乾女變成了大受歡迎的女性、成績從吊車尾變成了學年第一，也順利進入心中期望的大學及公司。

創業後，我的一年營業額達數億日幣、遇見了命定之人、結婚……等，實現了所有期盼的事情。

透過這些經驗，我堅定不移的確信「自己正在打造現實」，而且想要讓許多人都能知道這些方法，所以我從工作三年的公司辭職，從二十五歲那時起，成為自由的研習講師活動著。

不過，在這個過程中我也經歷了許多失敗。

在倉促行事下展開的講師業無法成為一項正式的工作，回過頭來才發現，我已負債近四百萬日幣，處於破產前夕……我也有段時間很是為了金錢苦惱。

而且在同樣學自我啟發的同伴之中，也有人在為金錢的借貸而苦惱，或是煩惱於人際關係。

明明都學習了那麼多，為什麼現實仍無法順利運轉呢？

我不斷進行嘗試，五年後，終於在心中得出了答案。

那就是，我單只是想要學習、理解理論或道理，卻沒有在真正意義上把那些理論、道理落實在日常生活中，也就是無法活用。

只有「大腦」在活動，「心」跟「身體」卻是處在不動的狀態中。這樣一來，不論學了多少理論及道理，因為沒有實際體驗過，就無法真正領會。

我忽略了比起「學習」來說，更加重要的事！

因此，這本書中寫滿了我從國中二年級時起，經過約二十年間不斷歷經的失敗與實驗，以及「只要這麼做就一定能改變現實！」這些在日常中就能簡單做到的事。

所有我 YouTube 頻道的觀眾，以及上我線上課程的學員，有將近一萬人的夥伴們都能證實有效！

老實說，或許也有人會潑冷水的說：「什麼？有這麼簡單？」但是，我注意到，**正是因為連這麼簡單的事都無法做到，現實才不會改變。**

就當作是被騙也好，希望大家隨便選一個方法持續去做。

持之以恆的訣竅就是能否樂在其中。

若想著「一定要去做」就會變成是三分鐘熱度，所以訣竅是以輕鬆的心情去做。

同時，**我根據有效順序寫出了讓人能輕鬆創造出真心期望未來的內容。**

首先在第一章中是先讓大家了解，「打造現實的是自己本身」這件事是大前提，講述潛意識的機制。

在第二章中，講述要捨棄衣食住等身邊不必要的東西，整理自己；第三章中則是講述透過取回感覺或感性，讓心靈動起來。

心靈一旦動起來，就能進入第四章中的階段，亦即愛自己、透過珍視的東西來打磨靈魂，與萬物調和。

在最後一章的第五章中，只要透過具體的方法，就可以創造你所期望的未來。

這個順序很重要。

至今為止試過各種各樣方法卻仍然覺得不順利的人，或許正是因為你的心靈沒有動起來。在心靈靜止不動的狀態下，即便希望願望成真，很遺憾的，現實上就是難以做到。

因此，**在這本書中，隨著閱讀的進展將能動起來的不是頭腦，而是心靈**。

實際上，我收到了無數試過這個方法的夥伴寄來了令人開心的報告。以下將介紹其中一些案例：

・遇見了真正想做的事
・能正面積極看待所有發生的事
・與理想的伴侶結婚了
・伴侶變溫柔，夫妻關係也變好了
・雖然已經放棄很多年，但卻輕鬆懷孕了
・工作換到理想的職場了
・公司的營業額提升了
・從意想不到的地方獲得了額外的收入
・賣掉了本來一直賣不掉而讓人困擾的房子
・已經放棄治療的疾病卻朝著康復方向發展
・喜歡上了自己的長相，來自他人的讚美也增加了
・SNS的追蹤者一個月增加了三萬人以上
・開始販售因興趣而開始的繪畫

・遇見了優秀的商業夥伴
・幸運的事增加了！

若你也能心懷期待地試試看，我將由衷地感到高興。

據說現在是「風的時代」，是世界價值觀突然出現一百八十度轉變的時代。
可是，即便是劇烈變動的時代，也有不會變的東西。
那就是「潛意識的機制」，也就是這個世界的絕對法則。在本書中，你將能愉快進行並實際感受到。

請務必把這本書置於手邊並試著行動。

或許有人會對時代的變化、現今自己的狀況及之後的未來感到不安。
但是，不論你現在處在什麼樣的狀態中，都絕對沒問題的。

拿起這本書的你，未來一定會變得光明燦爛。覺得很可疑嗎？（笑）但這是真的！

透過本書，請務必要將在你心中沉睡、被稱為宇宙最大奧秘的無限能量拉攏成為自己的幫手。

讓我們一起期待你能成為理想中的自己吧！

Honami

能最大限度活用這本書的規則

本書中介紹了許多能獲得期望未來的方法。為了使接下來能有效活用，請務必要記住以下的規則。這些規則能幫助你輕鬆地在最短距離內實現願望喔！

- **從第一章開始往下閱讀，依「放下↓磨練五感↓愛自己↓創造期望的未來」的順序著手進行。**
- **不要只是閱讀文章，請確實進行本文中所介紹到的實驗及做法。**
- **比起用大腦思考道理，請更重視實際體驗（這點最重要）。**
- **即便做不到，也絕不要自責。**

  就算沒打算要做到完美也ＯＫ！
- **對於有稍微做到的事，要大大地稱讚自己。**

第1章 打造你人生的，是你自己！

第2章 先從「放下」開始

第3章

磨練五感，「感性之門」就會開啟

第4章

與潛意識連結的祕訣就在於「愛自己」

第5章 開創期望的未來，輕鬆實現夢想！

第1章

打造你人生的，是你自己！

為什麼會產生出看起來不公平的人生差距呢？

世界上，有人從事著看起來很有趣的工作、受惠於朋友或伴侶、幸福地活出自我。另一方面，也有忍耐著工作的人、無法受惠於值得信賴的朋友或伴侶而感受到孤獨的人，以及懷抱著莫名不安而活的人。

總覺得看起來人生很不公平。大家覺得為什麼會出現這樣的差別呢？

其實，打造出這種現實來的，正是你自己。

或許有人會說：「怎麼會！我才不記得自己什麼時候打造出了這樣消極又負面的現實。」但現在的這個現實，的確是你自己選擇、相信的結果。

誠如我在「前言」中所提到的，讓我確信「自己正在打造現實」的契機是在國中二年級的時候。

當時的我是個非常心思細膩的孩子。因為雙親不合，所以家庭內的氣氛很糟，在學校裡，也有女生組成團體，互相說彼此的壞話，我看到這些狀況就覺得心中發苦。

儘管我不擅長運動，卻仍接受了父母的建議，勉勉強強加入了網球社，但一到放學時間，我就會覺得身體不舒服，而且當時還罹患了各種疾病，包括自律神經失調症、過敏性腸症候群、缺鐵性貧血……等。

還被同年級的男生說：「笑起來的臉很噁心。」不論去到哪裡，心情都覺得很糟，每天身體也都很差，不知道該相信誰。

我認真思考著：「為什麼我出生在這樣一個充滿憤恨、扭曲、抱怨、相互欺騙的環境……與其活在這樣的世界，還不如死了好！」並詛咒自己的人生。

可是我仍有唯一的一個希望。

那就是，我當時單戀著一位同年級的Y君。我突然想到：「要是Y君會理睬我，這輩子，或許就這樣活下去也可以。」

那時候，我腦中浮現了母親對我說過的話──「妳的眼睛要是再大點就可愛多了。」母親是雙眼皮，有著水靈的大眼，而我則是沉悶的單眼皮。

我因此想著：「要是我變成雙眼皮，人生不知道會不會改變呢？」並在網路上搜索「變成雙眼皮的方法」。我開始努力做雙眼皮體操，也養成習慣用雙眼皮膠布貼眼瞼。

與此同時，我在網路上找到了「粉紅呼吸法」（參考第一三二頁），並且大為震撼。**【睡前，吸入美麗的粉紅空氣，吐氣時想像將全部汙濁都吐出，然後想像理想中的自己，就能變成那個樣子】**，其中有很多人都寫下了「變可愛了！」「臉改變了」等的經驗談。現在想來，實在是過於怪異，但當時我卻覺得如抓住救命稻草般，一個月內持續做著粉紅呼吸法。

結果之後，**真的就在一個月內讓雙眼皮固定住，臉也被說像是有去整形般地變可愛了！**我雖然確實有做雙眼皮體操與貼雙眼皮膠布，但只花了一個月就將雙眼皮定型這點

Before（國中一年級）　　After（國中三年級）

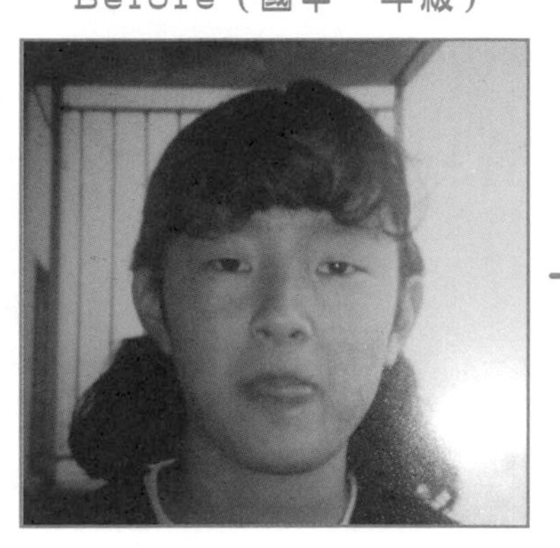

→

是很難做到的。我成功變成了雙眼皮，於是開始想著：**「是不是期望的所有事情都能實現呢？」**

之後在高中時代，為了實現「受歡迎」及「成績頂尖」的願望，我也不加入社團，只是專心實踐創造現實的各種方法。

這樣做之後，**我達到了一個月有七個人向我告白的成果，喜歡研讀的科目如英文與數學，也在全國模擬考試中獲得第一名！**訂為目標的大學與想就業的公司，也是精準的合格了。

辭去工作獨立創業後，在資金週轉不靈的那五年中，我雖然有了跌落人生最谷底的經歷，但那時有位經營者告訴了我「向祖先起誓」（參照第一三七頁）等的方法，讓我澈底修正自我後，資金就能順利周轉了。

此外，我 YouTube 的訂閱數開始一口氣成長等，也是受惠於只能想成是奇蹟的助力，那股力量是眼睛所看不見的。

自那之後，我就只在想做的時間做想做的事、工作也不斷有所進展、邂逅了我非常喜歡的人，這些都真的很讓人感謝，至今我也每天都過著幸福過頭的日子。

說起來，一直到國中生時，我都是個性格陰暗、就像是躲藏在他人影子下的女孩，鬱悶著自己的不幸都是因為父母以及生長環境所造成。

可是我學習、挑戰了潛意識、心理學、腦科學、量子力學等，透過歷經失敗與成功，理解了「自己正在創造現實」，確信了「一切與周圍狀況無關，全都是靠自己！」

只要這樣察覺到，就能改變自我，積極掌握住理想的人生。

如果我就那樣一直認為都是周遭的錯而活，我想人生應該就會完全不一樣。

不論你現今處於什麼樣的狀況中，心底所期望的事，都一定能靠你自己實現。在你身上，就藏有那樣的可能性。

即便現在你無法相信這些話，但在這本書中，我會告訴你我以及那一萬多人實踐這方法後所獲得的成果，請務必一邊閱讀下去，一邊試著做做看。

透過持續實踐，一定會出現變化的。

你的人生是被潛意識所操弄著的

在告訴大家具體的實踐方法之前，希望大家先了解兩個概念。

為了理解「自己正在創造現實」這個機制，我會說得簡單一些，請各位務必不要跳過，要仔細閱讀。中間也會伴隨有實踐及做法，請試著體驗這分不可思議感吧！

首先第一個希望大家知道的概念是關於我們的意識世界。

意識可大致分為兩個。

一個是顯意識。這也可被稱作為表面意識，像是「肚子好餓～」或是「今天晚上六點前回家吧」等現在會有所自覺的意識。

還有另一個是潛意識。別名又被稱為無意識，指的是自己無法察覺的意識。現在，你正在呼吸，心臟也在跳動，對吧？這些都不是有意識的在進行，而是在無意識中擅自進行的活動。

此外，例如和異性待在一起時會緊張、總是還差一點點就能達成目標卻失敗了，但自己卻不知道為什麼會這樣，以及腦中明明不是那樣期望的，事情卻會自動發展成那個模樣等，都是潛意識的作用。

就算你沒有自覺到，但在**潛意識層中，仍因為有著「我被異性所討厭」「我總是無法達成目標」這樣的想法，導致你的行動或情緒會半自動的受到潛意識所操弄！**

我想有學過心理學的人應該會知道，我們經常會使用冰山來表示顯意識與潛意識，就像第四十九頁的圖那樣。而且據說，這兩者的比例中，顯意識竟然只有占百分之三～五，而潛意識則占了百分之九十五～九十七。

我們平常意識到的部分，若只有百分之三～五，那就代表顯意識只占了非常微小的一部分。**與其說我們是有意識的活著，因潛意識而活的部分，反而更是要大得多。**

顯意識的中心是「邏輯性思考」，也就是立論思考，或是進行計算、分析。因此有助於判斷好、壞、正確、錯誤、應該這樣、一定要這樣等。

另一方面，**潛意識的中心是「感性、感覺、情緒」**。在潛意識中，記錄著所有的資訊，包括過去經驗過的事，或別人跟自己說過的話等。

例如像是：「你運動不行，真的很遲鈍呢。」「妳要是雙眼皮就可愛多了。」等，若你相信了父母跟你說的話，就會深信不疑地被鐫刻在潛意識裡。

尤其是在孩提時代，很多時候都會單純地相信父母所說的話，**而因此所形成的信念，就會打造出你說話、情緒、行動的模式**。

實際上，我在國中二年級的時候，就深信自己既遲鈍又不可愛，若一直這樣下去，最後我就會永遠都躲在他人背後，否定自我，走上如自己所相信的人生。

你覺得自己是怎麼樣的人呢？

你是從什麼時候開始那樣想的呢？

一定是在過去的某個時間點，讓你有這樣深信不疑的瞬間。

例如，你喜歡雨天嗎？順帶一提，我是自然捲，一到下雨天，頭髮就會像爆炸一般，旁人常會對我這樣的頭髮指指點點，所以我從以前就很討厭雨天。可是某位朋友在下雨天時對我說：「可以穿上喜歡的雨鞋了，我好開心！」我看見她那樣，心想：「原來也可以這樣想啊。」就不覺得「雨天＝糟糕」了。

就像這樣，情緒模式中深信不疑的信念也會因過去的體驗而改變。

也就是說，**潛意識中刻入了不一樣的資訊，人生就會大不相同**。

若在成長環境中有人一直對自己說：「好美麗喔，真漂亮呢♪」自己就會那麼相信著而活，在無意識中就會做出美麗的舉止，或是為了能成為那樣的人而做出相應的行動。

這就是潛意識的力量。

可是過去的我相信自己是個「醜女」，放棄了變可愛，以醜女的身分而活。即便有人跟我說：「妳真可愛呢。」我也會覺得：「反正都是謊話吧……」無法接受這種說法。在那樣的狀態中，即便眼前有能變可愛的資訊，也進不了眼中。

可是，我在絕望中突然開始想著「想變可愛」，於是我捕捉到了粉紅呼吸法等資訊。

人只有對自己想到的事及相信的事才會捕捉到資訊。

因此，**不要把焦點放在自己不期望的現實上，要將「想活出怎樣的自己？想過著怎樣的人生？」放入潛意識中，這對打造期望的現實來說是必不可少的。**透過這麼做，為了實現理想，潛意識就會開始動起來。

雖有很多人都是「對自己沒有自信」，但這也只不過是先入為主的想法而已。只是自信滿滿的相信「沒自信」這點而已。只是從過去發生過的事情經驗中，如此相信而已。

一樣米養百樣人，大家應該都有很多做得到跟做不到的事，但若是相信「對自己沒自信」這件事，意識自然地就只會朝向自己做不到的事或是自己的缺點。這樣一來，就會陷入更沒有自信的負面漩渦中。

這時候，請立刻把目光看向自己能做到的事及自己的優點上吧！不論是多瑣碎的事都好。「雖然或許有些辛苦，但現在我是這麼活著的。」「我現在正為了自己在閱讀這本書。」只要想著把目光轉向，應該就會出現許多做得到的事。首先，可以從小事讚揚自己開始，潛意識就會慢慢被改寫。

若你想改變現在的現實，就要把好的資訊輸入潛意識中以「洗腦自己」。別去怪罪是誰的錯，計劃好自己想打造的人生，現實就一定會開始變好。

實際體驗意識與潛意識

透過想像、計劃理想的未來，實際體驗潛意識運作及現實化的過程吧。

①用線穿過日幣五圓，將線的前端綁好。

②手持線的另一端，把五圓硬幣垂下。

③手保持不動，想像五圓硬幣在旋轉的模樣。

過了一陣子之後，五圓硬幣就會如想像中的轉動起來。這是因為你想要「五圓硬幣轉動」，所以在無意識中，你的手與手腕肌肉會做出細微的動作，使五圓硬幣轉動。

（若沒有轉動，就請一邊說著：「轉起來轉起來。」一邊持續想像著轉動）

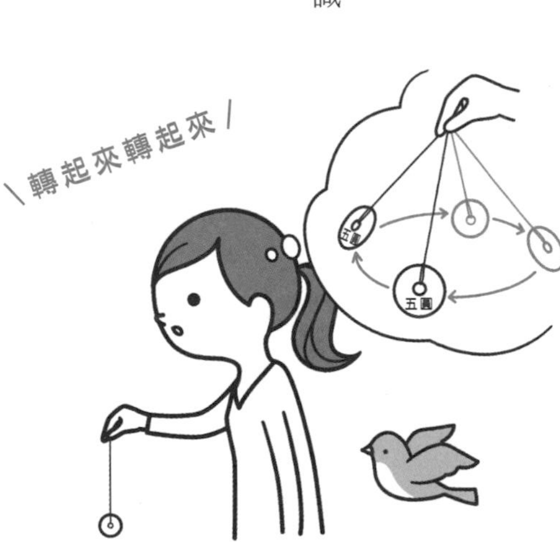

你是磁鐵，是能量體

第二個想要大家在實踐本書內容前先知道的事是，「這世界上的所有東西都是由能量所構成的」。「能量」換句話說，也可以稱為「波動」。

說起「能量」或「波動」，因為是眼睛所看不到的，所以或許會讓人覺得是很詭異的世界。

因此，以下將用物理學以及量子力學這些學問來進行說明。在此先來簡單看一下我們的身體原本是由什麼所構成的吧。

首先，身體可以分為心臟、肺、腸、皮膚等臟器及器官，而這些臟器及器官是由細胞所構成的。

把細胞分得更小些去看是分子。

把分子分得更小些去看是原子。

把原子分得更小些去看則是原子核。

再把原子核分得更小些去看就是質子及中子。到此都是在學校物理所學到的，應該也有人是記得的。

若再把質子及中子分得更小些來看就是基本粒子。

基本粒子是最小單位，物質無法再分割得更小了。這個基本粒子中有著波的性質，其運動就稱做波動。

不僅是身體，所有物質都會發出超微單位的波。眼睛雖看不到，卻確實存在。

尤其是我們日常中常用的「氣」這個字。像是我們會說到的「霸氣測漏」或「我和那人氣性相投」，雖然是很平常地在使用「氣」這個字，但也都經常會覺得有能量感。

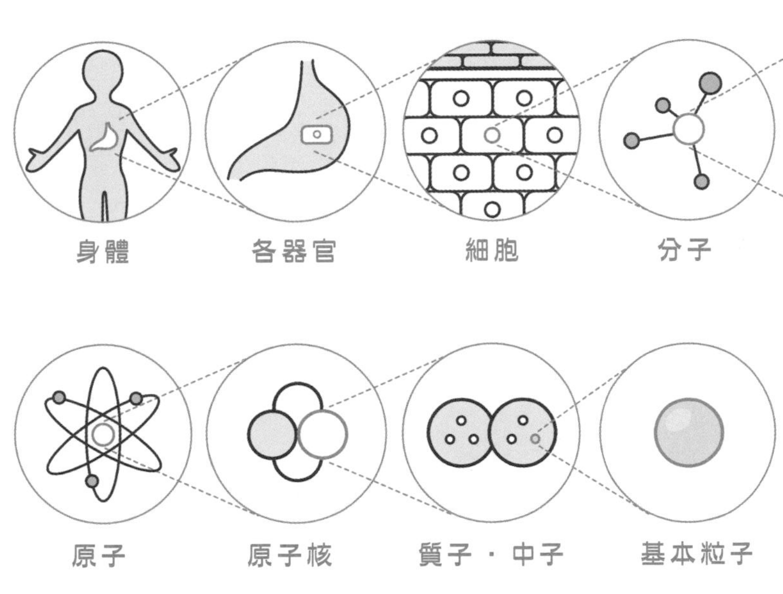

你總是在想些什麼呢？（思考）

你總是說些什麼話呢？（話語）

你總是以什麼樣的心情過日子呢？（情緒）

這些之中全都有能量，我們會和相同能量的人和物同步，不停地吸引著他（它）們。

如前面提到的，我以前是比其他人更心思細膩些的孩子，所以會敏感地感受到這些能量。我能感覺到，若自己也配合著他人說別人壞話，在自己周遭就會聚集起不太好的事。

你自己是否也有這種感覺呢？所有人都會有這種感覺，所以能鍛鍊、磨練得更敏銳。

若一大早的，小腳趾就撞倒了桌子的邊角而大叫「好痛！」並碎唸著「今天真是不走運啊……」出門，結果就會發現忘了帶東西、晚了趕不上電車。到了公司後，討厭的上司心情不好，交代給自己當天的工作比以往更多，因而加班到深夜……各位是否有過類似這樣的經驗呢？當發生了不好的事情，就會像是連鎖效應似的持續發生討厭的事情。

這也是從你思考、話語及情感中的能量所吸引而來的現實。

另一方面，最喜歡自己的人，就會遇見最喜歡自己的人；重視自己的人，就會遇見重視自己的人。這也是能量法則。

不只是人，事物及資訊也一樣。所有物質都是與自己能量同步而被吸引過來的。

也就是說，自己所發出的能量就如同磁鐵般，吸引且創造了各種現實。

感受、領悟這個「氣」或「能量」的，就是你的潛意識領域，也就是所謂感覺的部分。像是「總覺得不錯」的感覺也不是道理或思考，對吧？

因此，只要整頓好你的潛意識，就能敏銳地感受到這分能量。

這麼一來，就能順利做出適合自己的選擇，夢想或現實也會變得比較容易如願以償。

實際體驗話語的能量

O環測試法（肌肉反射測試法）是一個很有名的實驗，這個實驗要由兩人一組來進行。透過這個實驗，能夠感受到話語的能量對你身體所造成的影響。

①讓A小姐任一手的拇指與食指指尖貼在一起形成圓圈。

②A小姐一邊說著「不行」「不行」，一邊用力讓雙指緊貼在一起不分開。

③B小姐拉扯A小姐的食指與拇指使其分開，此時A小姐的指頭很快就被分開了。

④接下來，A小姐改說「能做到」「能做到」，一邊用力讓雙指緊貼在一起不分開。

⑤與先前一樣，B小姐拉扯A小姐的食指與拇指，結果發現要比之前用更大的力氣。

也可以試著實驗看看其他的詞語，像是「太糟糕了」「不走運」「最討厭」，或是「最棒」「走運」「最喜歡」等。

集體潛意識與超意識的廣大世界

在此，我們要來談談關於**潛意識更深一層的領域**。

先前提到過的「意識與潛意識」概念是由奧地利的精神科醫師佛洛伊德所提出。之後，瑞士的精神科醫師榮格則提出了「**集體潛意識**」。

所謂的集體潛意識是指在潛意識的部分中，人、事物等所有萬物相聯繫的領域。之前已經說過，這個領域是比個人刻入過去記錄以及臆想的潛意識還要深層，所以全都會超越地方及空間而連結起來！

例如只要一想著「不知道〇〇先生最近身體還好嗎？」就會偶然地接到來自本人的聯絡。是否也有人有過這樣的經驗呢？

大家聽過「共時性（synchronicity）」這個詞嗎？指的是有意義的巧合，也稱為同時

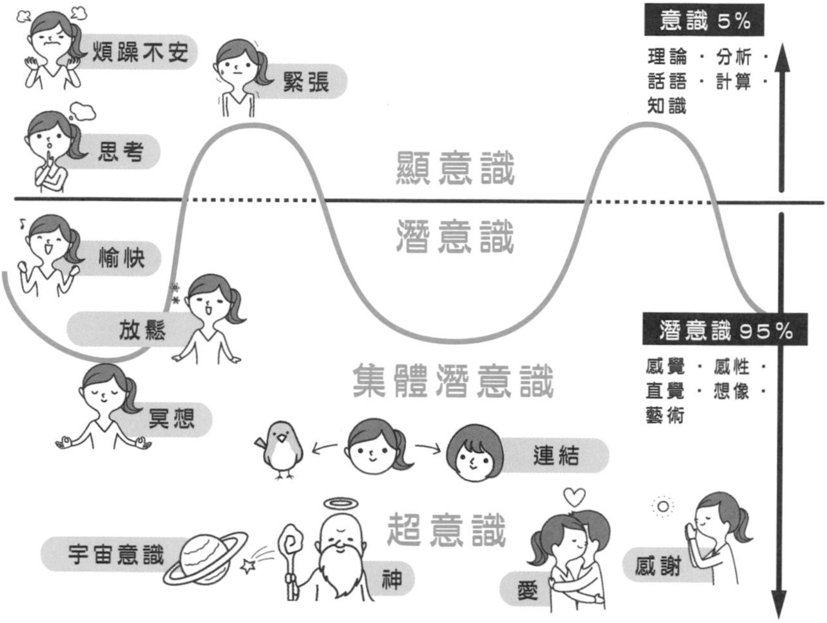

性，說的是突然想到的事偶然出現在現實中。

即便乍看之下是偶然發生的事，但在潛意識的世界中也是有關係的。在量子力學的世界裡也有「量子纏結」的說法，指的是，即便是空間上遠離的兩個基本粒子，也會互相影響，這一點是已經證實過的。就像先前說過的，不只是人，在事物或動植物等無法直接看到的世界中也是互有連結的。

而更深一層則有著被稱為**超意識或宇宙意識**的領域。

在這之中，藏有無限的可能，可以改用各種詞語來表示，像是**愛以及感謝的能量**、神、Something Great、零點場、空、高我等。

我們意識最深層的部分正是與愛、神、宇宙相連結的！是非常宏大的唷。

即便在顯意識的領域想實現夢想，力量也只有百分之三～五，難以順利實現。**但是透過將藏有百分之九十五～九十七力量的潛意識、集體潛意識及宇宙意識的超宏大潛意識領域**（以下我會統稱這些為潛意識）**拉攏為幫手，夢想實現就會順暢到讓你感覺恐怖的地步**。

你在聽到毅力或忍耐等詞彙時會歡欣雀躍嗎？還是不會的時候比較多呢？

這些都是在潛意識中所進行的。誠如前述，我們的潛意識會讓現實動起來，不論多有毅力及忍耐或是多努力，只要潛意識沒有成為幫手，就難以順利進行。比起想法的力量，潛意識的力量更為有力得多。

最重要的是**心靈有沒有歡欣雀躍、是否有感受到幸福**。有人是咬緊牙關心不甘情不願地埋頭努力，同時也有人是歡欣雀躍、開心的努力，哪一方會比較容易做出成果很明顯就能看出來。

要抵達潛意識，重要的是要明確知道「自己真正想要怎麼樣？」要**聆聽自己的心聲**。

為此，本書中寫了許多能磨練那種感覺的方法。我們從學生時代起就有很多機會來學習及動腦，但與此相較，卻很少有機會能磨練感覺或感性，不是嗎？

先暫時讓在腦中轉個不停的意識冷靜下來，找回你的心、感覺及感性吧。請用如同孩子的感覺，天真且開心地去實踐看看。

你將會感受到身心都很愉悅，最後，因為能量法則的運作，當你回過神來，今後開心的事情都會朝你聚集而來。

單只是自己的心情改變了，周圍就會改變

當發生不好的事，你是不是會想方設法改變周遭呢？

例如嚴厲的訓斥孩子、向不幫忙家事或育兒的丈夫抱怨，希望他動起來……

你雖想改變對方，但對方有改變了嗎？

雖想改變對方的外在行為卻沒辦法改變，結果對方只會變得愈加頑固。

我在國中的時候，因為母親的一個背叛行為而對母親說：「我最討厭媽媽了！」並疏遠了母親。我在心裡想著：「我會這麼不幸都是媽媽的錯。都是媽媽不好，只要媽媽不改變我就不原諒她。」並期待著母親會改變。

我一直懷抱著這樣的心情成了高中生，之後和隔壁桌的女生成了好朋友。那個女生的母親恰好也和我家的狀況一樣。放學後，我們兩人會一起去咖啡廳，因母親的話題而有共鳴。

那個女生嘆完氣後只說了一句話：

「算了，就算是母親，也不過是一個女人啊……」

我從來都沒有像這樣看待過母親，所以受到了很大的衝擊。

「是啊，母親也並非完美的，只是一個女人而已啊。」

「仔細想想，父親也一直都在工作，是幾乎都不在家的狀況，或許母親也很寂寞。我們是雙薪家庭，母親早上就出門工作，還要做家事，應該也累積了不少壓力吧。或許我不過是把理想母親的形象強加在母親的頭上罷了……」這麼一想，我就能夠接受母親了。

之後我也開始覺得，都是託母親的福才會有我，因此充滿了感謝的心情，而不可思議的是，父母間的關係也慢慢變好了，家中氣氛變得平和了起來！

在這之前，我也曾想過所有的現實都是由自己的心所打造出來的，但是透過這時候的體驗，我變得更加確信，**「就算沒有想著要改變周遭的現實，只要自己的看法及心情改變了，周遭自然就會改變」**。這就是潛意識的力量。

出現了不期望發生的事情時，人會不禁想要去改變外界的環境，有時還會感到煩躁不安。

但是，**我們能改變的，只有自己的看法而已**。

接受一切，就能解放心靈，將現實調整往自己所期望的方向。

確信度很高的能量與很低的能量

我曾經受邀前往某場活動，但一開始我並沒有很想去，可是有人跟我說，他強烈的希望「無論如何都想和我一起去參加」，我想著「對方都這麼說了……」就改變了自己的意見。大家是否也有過這樣的經驗呢？

為什麼會聽完對方的想法後就改變了自己的想法呢？這是因為**大（確信度高）能量影響了小（確信度低）能量**。

這也是能量法則。只要知道了這點，就能在各種情況下使用自己的能量來改動現實。

我在還身為公司員工的時期，在商業設施中擔任店鋪管理的工作。某次，我提出了租借設施來辦活動的企劃，但某間店鋪的店長卻因為不想做而拒絕了。

早在以前，公司內就有流傳說這位店長是個性格有些難相處的人。如同公司所有員工所想的那樣，和他無法好好進行對談，讓大家都很頭痛。

當時我還是新進員工。我看著他的模樣想著：「是因為把店長看成了是有點難搞的人，所以他才一定會變成很難搞的人。」然後我說：「我來去跟他說。」就一個人去和那位店長交涉了。

我自顧自地確信著「店長是好人」「他一定會同意、接受我的」，然後去問了他。結果他很爽快的就說ＯＫ，讓企劃得以實行。

其他員工都很不可思議地想著：「為什麼那位店長會很爽快的同意？」**因為即便沒有根據，但只要帶著自信滿滿的能量去到那個現場，現實就會如自己所想的動起來。**

有想要實現的心願時，請以確信度高的能量去期望著。

即便是毫無根據的想法也ＯＫ！幾乎所有事情都會實現，所以各位請務必試著實驗看看喔。

能讓東西與人都動起來的最高級能量是什麼？

過去我在從事業務工作時，也有過恐懼著商品賣不掉的時期。不論學習了多少那個商品的效果及效能，向眼前的對方做了多少說明，對方都不會說出「想要」。

但後來，自從我掌握住了如先前所介紹過的確信度高的能量的感覺後，商品隨隨便便就能賣出去了。

我愛著那些商品，並想像其對眼前的人有所幫助而感到開心。同時，在與顧客見面前，我會將商品拿在手上，想像著對方開心的模樣。

與顧客見面時**也會想著「希望能讓這個人獲得幸福」來和對方溝通。見面前及見面時都會持續傳送愛的能量給對方。**你會覺得這樣很奇怪嗎？（笑）可是，這分能量的力量是很厲害的。

而這最後竟然**讓我的業績成為了全日本第一**。

這分眼睛所看不見的能量，你應該也有感受到過。你是否有過這種經驗？面對為了你的幸福而提出商品的銷售員，以及為了自己利益而想賣出商品的銷售員，這兩者之間你是否會莫名的有感受到什麼不一樣？

愛與感謝的能量完全就是超意識的領域，有著包容萬物、改變的力量。希望大家能先實踐、體驗看看。

實驗 3

實際體驗超意識的能量

來實際體驗看看超意識能量的厲害之處吧。請以兩人為一組來進行。

①A小姐躺在地板或沙發上。

②B小姐將一隻手放在A小姐的腋下，竭盡全力扶起A小姐的上半身（人的上半身意外的很重，一般是難以扶起的）。

③接下來，B小姐在心中對A小姐喃喃自語著「我愛妳」，同樣地將A小姐的上半身扶起來，結果會比之前更簡單就能將人的上半身扶了起來。

就像是第四十九頁的圖一樣，**超意識會與愛及感謝的能量產生共鳴。**而這分能量比起集體潛意識會在更深層的領域中與人調和。

在這個實驗中，實際上究竟發生了什麼呢？那就是A小姐的潛意識感知到了B小姐愛的能量，使得A小姐在無意識中移動了身體！只要**傳送愛的能量就能讓對方的潛意識動起來。**

擔任 B 小姐角色的人若做起來覺得有困難時，就在心中喃喃自語著「我愛妳」，一邊將擔任 A 小姐角色的人想像成是自己最喜歡的人或小嬰兒來試試看吧。

自我否定是記憶的自動重複

我們自出生至今，會聽著雙親、老師等周遭大人說的話，或看到對方的反應而自以為是的相信著：「不可以說這種話」「這樣做會惹人厭」，並相信這就是真實。

而這些都會被刻入潛意識中，讓人認為自己所相信的是正確的而活。

例如就像「我不太會說話」「說起話來會惹人嫌」這樣，大家是不是會在說話前就下定論，並且隱藏自己的想法？

實際上，明明不試著說出來就不會知道，卻因為過去的記憶而放棄了自己的希望，處於自我否定的狀態。

若因為過去記憶所形成的自以為是想法導致失去了眼前的機會，那就太可惜了。

這只是因為進入到潛意識的過去記憶有所反應，自動且無意識的否定自己罷了。

如果注意到了自己在否定自己時，請試著回想起來那個成為否定自我原因的過去往事。只要注意到原因，就能放下從過去記憶中不斷重複發展而來的模式。

在我的諮詢者中，有位女性很在意自己的口吃，為說話不流暢而煩惱。但實際上她說話時，其實也沒到那麼令人在意的程度。

因此我問她：「妳是從什麼時候開始在意起這件事的呢？」她想了一會兒後，回想起：「或許是在小學的時候。」

小學時，因為自己說的話傷了朋友，她在眾人面前受到了老師的責罵。她似乎深深後悔於那時傷害了朋友。

自那之後，她就深信：「不可以把自己的所思所想坦率地說出口，那樣做會傷害到周遭的人。」因為過於字斟句酌，就導致了口吃。

注意到這件事後，她重新想起了童年時的記憶，流下了眼淚。

我問她：「妳現在還是覺得坦率表現出自己的心情會傷害大家嗎？」結果她說：「不，並沒有那回事呢……」我告訴她：「妳現在已經可以隨心所欲地把所思所想都說出口囉。」她的表情就變得開朗多了。

自那之後，她的口吃就自然改善，也取回了自信。

就像這樣，**在否定自己的背景中，會有著壓抑自己的原因，因為那原因沒有被治癒，所以就不斷重蹈覆轍著。**

只要察覺到那原因，注意到「那時候真是難過啊」「當時很後悔呢」，就能淨化過去的記憶。

若潛意識變乾淨了，**就來實踐本書介紹的方法，重新輸入令人感到舒服的資訊吧。**

藉由這麼做，就不會再產生出過往回憶的幻象，一切都會變好！

「不會實現」「做不到」也全～部都是先入為主

我們知道，為了實現願望，最好去進行挑戰，但是應該也有人是覺得：「我不可能做到……」而無法踏出第一步。

這時候，**請盡可能試著想出、列舉出認為「不會實現、做不到」的原因**。

例如若想著「想創業，但不可能做到」，其中原因有可能是因為此前自己看起來都不怎麼優秀、因為沒錢、因為不知道做法……等等，應該會冒出各種原因吧。可是這些也**全～都是你的先入為主♪**

你是從什麼時候開始這樣想的呢？試著針對每一個原因問問看自己：「這是真的嗎？」因為這些也都是過去所打造出來的幻想。

接著試著將意識切換成「要怎麼做才能前往期望的未來呢？」的方向吧。

若能提出正向的提問，大腦就會為了回答那個問題而開始搜尋，並吸引來能前往期望未來的必需相遇，或能從不經意處偶然獲得靈感，也可能陸續出現共時性。大腦的構造真的很棒，所以讓我們努力讓它成為友軍吧。

自以為是的想法是形成於過去的記憶，你現在所要相信的並不僅限於現實。

透過將意識轉向現在能做些什麼事上，就能朝向期望的未來踏出一步。

讓思考慣性不回彈的好方法

各位應該會想將寫入潛意識中的不合適想法排毒出去吧！

可是也有人認為幼年期的事情「太過於久遠了，無法回想起來」。

這時候，就算想不起來也沒關係唷！

例如有髒水滴入杯子中時，若從上方不斷注入乾淨的水，就能逐漸中和髒汙，變成乾淨的水。

與此相同，**與喜歡的人見面、被喜歡的物品包圍而生活、練習磨練五感、重複體驗著身心舒暢的生活，透過這些事，就能漂亮地調整潛意識。**

就會不問原因的說：「好！」然後立刻行動。所以能夠改變。

可是若不夠直率，會因為是處在自己的思考框架中去聽別人說的話，就會像「我能接受〇〇的部分，所以會去做，但不認同△△的部分，所以不做」這樣，容易只聽對自己有利的部分，所以不會改變。

尤其愈是有各種知識的人，愈有認為自己「早知道了」的傾向，所以難以改變。

知道與實際去行動、去體驗是完全不同的兩回事。

老實說，要改變自己，就只有不斷持續行動而已。若實踐難度高，就會立刻感受到挫折。因此要降低實踐的難度，而且每次都要對做到的自己說：「今天也做到了，真了不起！」這分喜悅是非常重要的。

但是若只將目光放在做不到的事情上，責備並攻擊自己：「失敗了，我果然很沒用……」「為什麼不能順利進行呢……」就會陷入沮喪之中，難以繼續。

再小的事情都可以，試著讚美、鼓勵自己吧。

持續給予自己肯定的話語，潛意識就會改寫，自我肯定感也就會提升。

但就算這麼說，或許還是有很多人會覺得要改寫潛意識很困難，不過就結論上來說，**一點都不困難，反而很簡單！**

日本人之所以能說日文，是因為從小就身處在說日文的環境中，所以沒有人會為了學會日文而刻苦努力。

改寫潛意識也一樣。只要每天實踐一點這本書的內容，就能簡單改變。

若期望美好的現實，就將好的資訊寫入潛意識中吧。別想得太難，請以愉快做實驗的心情試試看吧。

因為打造現實的是你！

沒問題，絕對會改變的！

第2章

2

先從「放下」開始

要想接受，就要先放下

那麼我們終於要來實踐了。

首先第一步要做的就是「放下不要的東西」。

除了衣食住等圍繞在身邊的物品，其他像是人際關係、不必要的先入為主想法等，不論是眼睛看得見還是看不見的東西，不要的東西全都要放下。

若積累了不必要的東西，你的運氣就不會轉動起來。

明明學了各種東西，卻煩惱於現實不順利的人，或許就是累積了過多不需要的東西。

我們都會說「出入口」，不會說「入出口」，出在先，入在後。「呼吸」也是，我們不會說「吸呼」，首先要吐氣，吸氣則在後。「give and take」也是，不會說成是「take and give」，是先給，之後才是接受。

也就是說，要想拿取好的東西，首先要給出。

我周圍經常有人會對我說：「Honami的變化速度真快呢。」這點我自己也有所自覺，我會毫不猶豫的立刻放下覺得對現在自己來說不需要的東西，然後取得想要的東西。

實際上，從以前起，我就是會對於事物不斷放手的類型，在某段時期頻繁搬家時，我甚至是拿著一個行李箱就搬家的狀態（笑）。

為什麼我會這麼毫不猶豫的就放手呢？因為我相信放手才能產生獲得的能量流動。

實際上去做做看之後就會明白透過捨棄而變得自由的感覺，而且運氣也會流轉起來。

沉重的能量一掃而空，所以心情變輕鬆，腳步也變輕快了，原本因為想太多而動不了的人自然就能付諸行動。

為什麼會出現這樣的變化呢？因為只要放下就能換氣。

氣，也就是所謂的基本粒子，是能量喔。

一旦積累，氣就會停滯，但只要放下，就能實際感受到能量的流轉。所有的事物與狀況都會與你相連結，所以透過能量的流轉，也能整頓好混沌的狀態。

因此，若是想要獲得期望的未來，最一開始應該要做的是放手積累著的那些不需要的東西。

若是覺得這些東西不需要、沒使用到、不適合，請果斷處理掉。你會發現自己將變得異常輕鬆。

接下來要介紹給各位各式各樣的方法。進行的順序並沒有特別規定。

請試著從靈光一閃的念頭或想做的事開始實踐喔。

服裝決定了自己前進的舞台

你是不是在衣櫃或衣櫥中塞滿了一堆衣服呢？

要是不整理，衣服瞬間就會塞滿了。**若覺得有兩年以上沒穿、已經不適合或不需要的衣物，就一一和它們告別吧！**

說起我來，在這二～三年間的狀況有著很大的變化，做的事與遇見的人都不斷在改變著，時常都會覺得一年前買的服裝已經不適合現在的自己了。

我將現在所有的衣服給熟悉流行時尚的朋友看時，她說：「Honami，這件也已經不合適了，所以丟掉吧！」為了不要只剩下一件衣服，我會留下最低限度的數量，其他全部都處理掉。

結果我到了二〇二〇年，就開始出現 YouTube 訂閱數暴增的現象！

而且做的事與遇見的人又變了，結果我覺得去年新買的服裝又不適合了。雖然很極端，但我還是告別了去年買的衣服，重新去買新衣服。

我自己的性格是不會對物品有所執著，但經常會為了能配合上嶄新的自己更新衣服，很重視未來的展望與放手的感覺。

例如想創業成功時，即便尚未達到那樣的境界，為了達成目標就會去投資參加研討會等，讓自己置身於自己所期望的環境中。

衣服的情況也是一樣，若對未來已經有了想變成那樣的想像，為了要改變衣服、皮包、鞋子以符合那樣的想像，就要與現今的服裝告別，準備好投入期望的未來。

這完全就是「搶占未來」！

我若是買了一件新衣服，就一定會把一件舊衣服處理掉，所以我擁有的衣服件數是很少的。

最近我有機會和一位訂做西服公司的女性談話。我感動於她的生活方式與經營手法，直覺認為「最好能穿上這位女士做的西服」，所以請託她幫忙訂做了西服。

我在為未來的自己選擇合適的衣料、顏色後，做成的西服比我想像得還要棒。

這件衣服的價值約要七十萬日幣！我從沒有在衣服上投資過這麼多錢，其實很需要勇氣，但我判斷，這是為了躍升至下一個舞台所必須的。

自己所前進的舞台，會因服裝而確實有所改變。

因此要不斷捨棄不合適的衣服，並且改變成適合新舞台的衣服。

在此，希望大家不要誤解一件事，那就是我不是說高級品牌就是好的。**與價錢無關，重要的是，是否有穿著「適合於理想中自己的衣服」，並提升了心情！**

這分喜悅的能量會吸引來美好的事物。

會和衣服一起增加的有鞋子、包包、流行雜貨、珠寶等。鞋子和衣服一樣，是能帶領我們登上更高一層舞台的品項，所以要只留下喜歡的鞋子，其他的都處理掉。

最不好的就是玄關處滿放了鞋子的狀態。

玄關是運氣進入的入口。若在玄關處堆滿了鞋子，好運就會溜走。只把鞋子留到能收納進鞋櫃的數量，玄關處則最好不要放置物品。

披肩、首飾、珠寶類也是，若不整理就只會堆放在一邊，整理衣服時，將不合適的也一起處理掉吧。現在也有跳蚤市場，建議可以將物品轉讓給現在真正需要的人。

物品擁有的愈多，能量就會愈混亂，所以最好只留下必需的物品，保持簡單的狀態。

不要堆積會吸收邪氣的書或紙類

要說會堆積在家裡的紙類第一名就是書！

這種話由寫書的我來說或許很是冒昧（笑），但紙類會吸引邪氣，所以我會盡量避免在家中放置。

除了能夠發人省思的書，其他書讀過後就要陸續捨棄，雜誌、報紙、傳單也是。大家有沒有過以下的經驗？本以為或許還會讀而放到書架上的書，實際上甚至連有那本書都忘了。

物品也有頻率，是活著的。德蕾莎修女曾說過一句名言：「愛的反面是漠不關心。」擁有許多連存在都被遺忘了的物品，就會擁有與愛相反的能量。

這麼一來，運氣是不會提升的。

若有被遺忘了的物品，請與之告別。這樣會比較清爽。

其他還有像是**賀年卡、信件、名片等紙類，這些或許很難捨棄，但還是處理掉吧。**

最近我也減少了寄收賀年卡，但在抽屜或櫥櫃中還是有堆積了部分。當收到賀年卡或信件，若心情是「真開心，好感謝」，那它們的任務就結束了。若怎麼樣都捨不得丟掉的東西，保存起來也沒關係，但若沒有特別情感的物品，就果斷處理掉吧。

至於名片，若是已經沒聯絡的人的名片就放進碎紙機中吧。若怎樣都想留下，建議可以電子化。

捨棄不需要的紙類，潛意識也會變得清爽無比。

房間如果髒了，就是心靈髒汙了的信號

我們經常會聽到「房間亂就是心靈亂」這種說法。

你的物品是不是胡亂地放置在地板上或桌上呢？環視房間時，是不是有空間是亂七八糟的呢？看到那些東西的瞬間，你的心情如何？

如果是心情沉重地覺得「沒收拾啊……」就立刻動手收拾吧。**那樣的心情會打造你的現實。**

在家中，觸目所及之處愈是乾淨，你的腦內也會愈是清楚。

要說起為什麼東西會散亂在各處呢？那是因為沒有決定好物品固定放置的位置。決定好每件物品的固定位置，用完後就歸位吧。

抽屜中、收納箱、平常看不到的收納區域等也都要定期做檢查。你是不是都把不需要的東西塞入壁櫥中，像是藏起來一樣呢？

家中觸目所及之處若是變乾淨，心情也會變輕鬆！

不論怎麼藏，那些物品都是和你有連結的。

冰箱中有沒有放了過期的食品？應該要立刻切斷與腐敗食品之間的緣分，把它們丟掉吧。

房間亂成一堆的時候，就可以想成是心也紛亂不堪的信號，應該要立刻進行整理。

若負擔有點大，交給專家處理也是一個方法。

我每個月都會將所有收納區域翻

箱倒櫃一次，處理掉不要的物品。

以前，來我家的朋友都會感動的說：「妳房間的氣非常好呢！」這麼做之後，丈夫回家時，也一定會說「這個家真是最棒的」（笑）。

最重要的是，我自己也能在乾淨整潔的屋內心情愉悅地度過。這分能量將會吸引美好的事物到我的身邊。

試著過「沒有電視的生活」

幾乎在所有家庭內，我們都會在無意識中受到一樣東西很大的影響。大家知道那是什麼嗎？

答案就是「電視」。

在家時若總是開著電視，就會收到一堆不好的資訊而激起不安。此外，人們會在潛意識中相信電視上所說的事情是「正確」的，這在很多時候都會妨礙我們活出自我風格。

我從十九歲左右起就不在家中擺電視了。大學時因去到東京，所以就過著沒有電視的生活。過年回老家時雖會變得不知道知名藝人而不懂世事，但對我並不會特別造成困擾（笑）。別說是困擾了，反而能擁有許多自己的時間，所以盡是好事！**而且也不會被社會上的固定觀念或常識給牽著鼻子走。**

各位要不要果斷地處理掉電視呢？

睡前如果有習慣看新聞的人，也立刻改掉吧。

睡前是容易與潛意識連結的重要時間。在放鬆時刻流淌著的資訊，會被刻進潛意識中，就會在無意識下，吸引來負面的現實。

不僅是電視，用手機看新聞、確認留言等事也不要做了。因為幾乎沒多少光明開朗的留言。

在第五章中我會詳細說明，但在夜晚的時間要好好想像理想的未來，請重視這段時間喔。

從家中有孔洞的地方換氣吧

你在早上起床時會最先做什麼事呢？

希望大家務必要試試看的就是——打開家中窗戶換氣。睡覺時吐出的氣會充滿整間房間，所以要將之排到外面，吸收進新鮮的空氣，以調整房間的氣。

有多餘時間時，請轉動家中所有的換氣扇，打開廁所等家中水管的水龍頭以放水。若有空調就打開空調吧。

將家中有孔洞的地方進行換氣達二～三分鐘後，家中的能量就會瞬間循環起來。

讓能量循環起來後，事物就會轉動起來，像是想見的人會來聯絡，會遇見想要的東西，或是能突然靈光閃現很厲害的點子，所以請試試看吧。

換氣後，就沐浴在朝陽下並感謝太陽吧。

我們生活在這地球上，若沒有太陽，本就無法生存，太陽就是這麼的偉大。而且還是一視同仁地持續散發光芒，是令人感謝的存在。

試著像這樣對太陽表示感謝吧，例如：「謝謝你讓我們能活下去。」我很推薦大家唸誦在下一章中會介紹到的**「向祖先起誓」**（參考第一三七頁）。

沐浴在光亮中，帶著正面積極的心情展開一天，應該就會發現能量都整備好了。

知名經營者不戴手套打掃廁所的理由

我在二十多歲的時候很為借貸所苦惱。

母親認為「借錢＝不好」，所以從以前就跟我說：「絕對不可以去跟人借錢。」話雖這麼說，但因為我有無論如何都想學習的事物，所以只能借錢去學。

結果回過神來才發現，**我的借款已經多達將近四百萬日幣，每月要還款固定限額，過得很是拮据**。

我無法跟任何人商量，正兀自苦惱，覺得也差不多到臨界點時，我找到了一位七十多歲的男性經營者大前輩商量。

而他跟我說的一句話是……「因為妳沒有去看向髒汙，所以去獲取髒汙吧。」

我完全不知道這什麼意思，一問之下，原來指的是**「不戴手套去打掃廁所」**。當下，我不禁露出了苦笑，我的確很怠慢於去打掃廁所呢。

我聽說過，從以前起，知名人士或有名的經營者都會不戴手套地打掃廁所，所以處於絕望深淵的我也立刻開始打掃起廁所。

一開始，我實在沒有勇氣不戴手套打掃，所以起初是用廁所刷清潔，之後才空手去擦拭一些眼睛看不見的汙垢。

一直擦到有聽到「啾啾」的聲音，且**每天不做他想的掃除後，就不再有「廁所很髒」的想法了**。

現在我已經可以不使用刷子，隨時用不戴手套的手去擦拭汙垢。我會在早上打掃，那會讓人感到非常的神清氣爽。

除了打掃廁所，我也會進行在第三章中會介紹到的**「六方拜」**（參考第一四一頁）以及**「一人朝會」**（參考第一三七頁），回過神來後我發現，一個月後的收入竟大有提升。

我在YouTube上介紹這件事時，在留言處收到了很多運氣變好的體驗談。

從這樣的體驗中，我確信了**「確實看向眼前的髒汙處並清掃乾淨，自己的現實也會被整備得乾淨整潔」**。在集體潛意識中，所有人、事物、狀況都是相連結在一起的。

其他像是洗澡的地方、洗手台和廚房等排水溝中，是否也堆積有髒汙呢？在換氣時，同時也請務必要特別換水喔。保持用水處的清潔，確實整備好水流通道，這樣一來，家中的氣就會循環，運氣也會流動起來。

請務必**讓家成為你的能量點**。

因為家與你也是相連結的。

實際體驗淨化場所

若淨化了場所的能量，對身處在那個環境中我們的肉體也會有良好的影響，較容易發揮出潛在能力。若是覺得「很難懂」的人，請務必要試著做做看如下的實驗。你一定能體會到身體的變化。

①在地板上向前彎曲，記住當時身體的僵硬度與彎曲的感覺
②打開房間所有窗戶，轉動起全部的換氣扇以換氣
③再次向前彎曲

你自己應該能感受到身體比之前柔軟了。眼睛雖然看不到房間內的能量，但卻會影響我們的肉體。

身體
變柔軟了

若不捨棄「體內的垃圾」，運氣就不會提升

各位是否有過在煩躁或感到不安時暴飲暴食的經驗呢？

我自己在進入大學就讀開始一個人住，以及成為社會新鮮人第一年的時候，會藉由吃東西來抒壓，結果一個月內就胖了十二公斤。與久未見面的母親約在車站會合時，她甚至沒注意到我，直接從我前方走過（笑）。從那時起我就發現，心靈與食物間有著很密切的關係，於是我便開始學習飲食方式，並進行實踐。

因為心靈總是很安定，有感受到幸福，「吸引力法則」才會作用，幸福的現實才會出現在你眼前。

你是否有想過，你是因為什麼樣的機制而感受到幸福呢？

幸福感是由腦中血清素與多巴胺這類神經傳導物質所帶來的。而據說增強抗壓性、讓

心靈安定的**血清素（別名為幸福荷爾蒙）竟有九成是在腸道製造的**。

因此，若腸道環境惡化，就會成為不安感或煩躁的原因。相反的，若腸道環境良好，**心靈會安定，也容易感受到幸福！**

應該有許多女性都有便祕的問題。實際上，我藉由傳播潛意識資訊時探尋過許多人的煩惱，問到心靈不安定者的健康狀態時，幾乎所有人都會便祕。

說得誇張些，大不出大便這件事本身的存在就是糞便（笑）。因為腸道環境與幸福若是成正比，滿是糞便的腸道應該是不會吸引來好事的！

體內若是像垃圾屋般的狀態，運氣就不可能會提升。

廚餘若放置在氣溫三十六度的房間內幾天，就會變得很可怕。便祕的人腸道中就會發生和上述一樣的事情。

除了整頓房間，讓房間變成能量場，還要加上讓身體中流淌著良好的氣。

腸道環境雜亂的原因有各式各樣，但就物理上而言，吃了過多加工食品以及食品添加物等不自然的食物是一大原因。若吃下了那些食物，腸道環境就會惡化，血液也會變汙濁，容易引起疹子或青春痘等肌膚粗糙的問題。

心裡有數的人**請試著戒吃這些不自然的食品吧**，就算只有一週也好。同時要攝取當令的蔬菜、水果、堅果等自然的食物。

我自己本來也很喜歡吃點心，但現在已經換吃無鹽堅果以及水果了。

此外，我最推薦戒掉的食品就是用精製麵粉做成的麵包。單只是戒掉吃麵包，就能重整腸道，變得容易感受到幸福。

一流人士也會注意所吃的東西，那是因為他們知道，吃下去的東西會調整身體，連帶也會調整心靈。

食物是不是適合自己的身體，可以在**【實驗二】**中介紹到的O環測試法（參考第四十六頁）做確認。在彎成圓圈的手與另一隻手上放置食品，確認有沒有用力。若是會讓你放掉氣力的食物，請務必捨棄不要吃。

清潔腸道的「簡單斷食法」

幾乎所有人都會吃早中晚三餐，但我都是等肚子餓了再吃。

若是因為早上就吃早餐、到了中午就吃中餐、晚上了就吃晚餐這樣在固定時間內無意識的進食，**就會無關乎肚子是不是餓了，而是因為想著「現在一定要吃」才進食**。但是傾聽身體的聲音是很重要的。

我推薦給大家我長年在日常生活中都會進行的**半日斷食法**。

這方法非常簡單，在十八小時內不要吃固體食物，只喝水度過（*）。若晚餐是在晚上六點吃，隔天就不要吃早餐，中午過十二點後再吃中餐。這樣會感覺到中餐非常的美味。此時請各位好好、慢慢地品嚐喔。

這麼一來，味覺就會醒過來。而且因為斷食，腸道會變乾淨，可說是一舉兩得！

在 18 小時內什麼都不要吃，只喝水來排毒

前面有說過要好好品嚐食物，平時吃東西時，一口食物也請咀嚼三十次以上。**好好品嚐現在眼前的食物，就能磨練感覺。**

除了斷食中時，**平常也要多喝水以保持體內循環，這點很重要。**我每天都會喝兩公升的水。

或許說喝兩公升會讓人覺得難以做到，但若是在早上喝一瓶五百毫升的瓶裝水、中午喝一瓶、傍晚喝一瓶、晚上睡前再喝一瓶，就能喝掉兩公升唷。

經常隨身攜帶五百毫升的保特瓶，試著留意喝掉兩公升的水吧。單是這樣，也能夠開始整頓腸內環境，血液循環也會變好。

〔＊關於斷食，推薦閱讀《半日斷食的神奇療效》（二〇〇八年，世茂出版，現已絕版）這本書。身體有不舒服的人，請在專家指導下進行。〕

三種類型的人「最好跟他們保持距離」

在你周遭的都是些什麼樣的人呢？

人際關係會大大影響你的人生。

如果你跟某人在一起時會覺得心情沉重，或是會妨礙你實現夢想或目標，那就最好和對方分手，運氣才比較會轉動起來。

說到分手，大家的印象應該都是斷然切斷緣分吧，但其實不須要這麼費力。

在第五章中我會詳細說明，但在你周遭之所以會有妨礙你的人，**原因也是出在你自己把那種人拉攏了過來。**應該有很多人都聽過「鏡子的法則」這個說法。人就是面鏡子。

與此前自己理想模樣或生活方式相合的人，就會聚集到自己周遭來。**因此只要修正自己的理想模樣或行動，並注意到「要和這種人保持距離！」自然地就會遠離那些人了。**

那麼，最好是要和什麼樣的人保持距離呢？

首先是會**說人壞話、批評、抱怨、說八卦的人**。

話說回來，聽人說別人壞話、抱怨不滿時會很有趣嗎？在娛樂新聞中流傳的「那個人似乎在搞外遇」「這個人在事業上好像失敗了」等，跟我們的人生一點關係都沒有。說這些事和聽這些事的時間都浪費掉了呢。如果你想輕鬆實現自己的夢想與目標，可沒有時間去陪著人說人壞話、批評、抱怨、說八卦！

那麼，我們該怎麼和這些人保持距離呢？即便這些人向你抱怨或說人壞話時，也絕不要去肯定他們說的話。若附和對方的話讓他心情很好，對話就會不斷快速發展下去。最好是不要做出對方期望的反應。這麼一來，因為不論對方怎麼說都不會感到有趣，就不會再向你抱怨或說人壞話了。

此外，若有人在SNS上說人壞話，或是貼的文章讓你看了不太舒服，就別客氣，立刻停止追蹤吧。**我們要排除會讓自己心情低落的所有事物。**或許這會讓人覺得自己是個很冷淡的人，但我認為，首先守護好自己的心靈是比較重要的。**透過調整自己的心靈，在眼睛看不見的集體潛意識世界中，萬物就都能受到療癒。**

只要定期做這個作業，你會發現運氣將會意外地大為提升唷！

最好與之保持距離的第二種人是**理所當然占據人時間的人**。

每次打電話來時都講非常久，或是信件中的文章都寫得過多……沒給對方拒絕的機會就做出占據人時間行動的人，可以說這種人很多時候都不會去考慮到對方的心情。

可是過於溫柔的人會以「對對方不好意思」為由，總是去配合對方的步調。對你來說，若聽著對方的話會讓你感到高興、能量會提升還好，但如果感覺到痛苦，就請立刻停止那麼做。

請試著觀察和對方相處過後自己的感覺，心情是會變開朗呢？還是會不斷湧現出疲憊感呢？

尤其若是有人說：「跟你在一起感覺振作了起來呢～」而你卻感到疲憊時，有很大可能就是被對方奪走了能量。而且若被對方過分依賴，對彼此來說都不好。

一次兩次還行，若每一次都是這樣，就告訴對方「我現在很忙」，早點掛斷電話，或是寫短信回復，好好拉開彼此的距離吧。

時間就是金錢，時間是有限的。

既然如此，就該把時間用在提高能量上。

最好與之保持距離的第三種人是**幫你做決定的人**。

在你身邊有沒有會幫你決定你的可能性或個性的人呢？像是「你做不到唷」「因為你就是這種人」等等。在前一章也說過了，在你身邊的雙親或上司，或許意外地很多都是這種類型的。

但是，對方認定的事只是對方先入為主的成見，你不須要將這些意見囫圇吞棗。

當然，若對你來說是好的認定，像是「你很棒」或是「若是你就做得到」，就可以心懷感激的採用。

可是建議要與總是讓你面臨難以接受話語的人拉開距離。若在物理上難以做到，那就不要全盤接受對方說的話。尤其對方是父母時，正因為他們很重視你，所以才會擔心地說出那些話。你只要感謝地想著：「謝謝他們擔心我」，洗腦自己「但是我能做到！」「我很棒！」就好。

你可以自己選擇要刻在你潛意識中的話語。

或許幼年時期很困難，但現今的你能做出取捨。心懷感激的只採納會提升自己心情的話語吧。

然後把會妨礙自己夢想、目標的話語全都捨棄吧。

煩躁時就發場脾氣的排毒法

之前我們說過關於物品、資訊、人際關係的排毒，**但情緒上的排毒也很重要。**

據說日本人是全世界最容易累積情緒的人種。「不可以在人前哭泣」「憤怒是很可恥的」，幾乎所有人都是像這樣被迫壓抑著情緒而成長。

因為大家會覺得像是憤怒、悲傷等負面能量是不好的，但是世界是由波動所形成的，有上有下很理所當然，落下時並不須要去責備些什麼。

若是忍耐、壓抑負面的情緒，就會蓄積在潛意識中，所以最好要好好傾吐出負面的情緒。

發洩憤怒時，與其說是對著眼前的人發怒，不如說是過去的記憶受到了刺激。**幾乎所有情況都是重新播放出了累積在潛意識中的情緒。**

為此，不要對眼前的人發怒，為了能將情緒在自己心中消化完畢，請一個人窩在房間中，一邊痛毆枕頭或坐墊，一邊發洩的喊著：「混蛋！」「開什麼玩笑啊！」若把怒氣發洩在他人身上，則幾乎所有怒氣都會原封不動地再回到自己身上。這也是能量共鳴所引起的結果。因此要獨自一個人專心致志地解放「憤怒」這個能量。

同時，若有家人或同居人在場時，也別忘了事前告知他們：「我現在要對枕頭咆哮，但只是在發洩情緒，所以別管我喔。」（笑）

因為是一個人，盡情大叫、大哭都沒關係！盡情發洩情緒到自己甘心為止，最後再向枕頭或坐墊道歉：「對不起喔。」

結果很不可思議的是，面對著明明到剛才為止還很生氣的人，卻能冷靜對話了，或是會想到：「那個人或許其實很寂寞呢。」等，能用另一個角度來看事情。

很多時候，我經常都會被人說：「妳真有人味兒呢。」但其實那是因為我不會累積喜

怒哀樂的情緒，每次都會表現出來。

在孩童時代應該所有人都會這樣做，但長成大人後，我們容易覺得不可以生氣、悲傷、後悔，**但其實所有的情緒中沒有一個是不好的。**

將積累的情緒排毒出來，永保輕快的心靈過活吧。

不想做的事可以拒絕

有句話說：「受人之託是種考驗。」這句話很好，但你是否是心懷嫌惡地去做被人請託的事呢？結果配合著那種心情的狀況就現實化了。

溫柔的人無論如何都會過於把自己的心情往後藏，回過神來才發現，自己過於聽從他人說的話，走上了和自己期望不同方向的人生……這樣的事情時有所聞。

在善於察言觀色的社會中成長的各位，**希望大家可以稍微以自己的心情為優先，不想做的事可以拒絕。**

若過於把別人說的話放在第一位，就容易搞不清楚自己真正想做些什麼。我與許多人談過話後，發覺這樣的人其實很多。

我自小就非常不擅長於運動，是一個喜歡畫畫，或是獨自待在房間中度過的孩子。玩躲避球時我會是第一個被打到的，我也不會跳跳繩中的雙人跳，不會做墊上運動的側翻或後翻、爬竿，我就是這樣長大成人的。

上了國中後，我想進入美術社，但因為母親的一句話：「妳很遲鈍又很瘦弱，去運動社團鍛鍊一下毅力吧。」我就心不甘情不願地加入了網球社。

打到球拍上的球，總是會朝天空飛去（笑）。回過神來才發現，我已經成了專門撿球的社員，也幾乎沒站上過網球場。

最後，我因為實在討厭網球討厭得不得了，一到社團活動時間，我就會因為壓力而感到腹痛、頭痛。

最後，我一邊怨恨著建議我進入網球社的母親，一邊在二年級的春天退了社。在那之後，我知道了潛意識，也確信了「若受人勸說而去做不想做的事，通常都不會有好結果」。

自那以來，**比起他人的說法，我更以自己的心聲為優先了**。

自從我決定了「要去做自己真正想做的事」之後，對於提不起勁的提案或邀約，就不會去刻意配合了。

考大學的時候也是，我高中時的成績是全學年的第一名，好幾次老師都建議我：「最好去考偏差值更高的大學。」但是我下定決心要進入「女子大學的家政學系」，所以一直在抗拒著。

若是為了去考自己不想念的大學而努力，因為提不勁來，就無法發揮潛在能力。若是因此而在考試上失敗了，可以想見，一定會想歸咎於老師。

主動選擇走向會讓自己興奮、嚮往的方向，潛意識也會被活化。

自己的心會知道對自己而言最好的選擇。

遵循自己的心，不要勉強，就能用最小的力氣發揮出最大的力量。

不僅是在大選擇上，在小選擇上也是，請拿出勇氣，別去做不想做的事。

第3章

3

磨練五感，「感性之門」就會開啓

動心而非動腦，人就會改變！

在前一章中，首先告訴了大家要「放下不要的東西」，大家有做到了嗎？

去實行後，應該會感受到心靈阻滯處或成見被排除掉了。總之，有感受到清爽感後，接下來就是學習**「磨練五感」**。

之所以要磨練五感，是因為五感與潛意識相互有連結。

之前說過，「現實全都是由自己打造的」，但同時也提到過，會打造出什麼樣的現實，是基於將什麼樣的資訊寫入潛意識中。

也就是說，**我們要重視利用潛意識，因此，磨練與潛意識相連結的五感就十分重要**。

磨練五感，且能利用潛意識後，就能找回感覺或感性，心靈也就會動起來。

若有人覺得「不知道喜歡些什麼」「找不出想做的事」「沒幹勁」，有很高的可能性是其感性或感覺很遲鈍，心靈是僵化的。

若心靈動了起來，那在人思考前，身體就會先做出行動。

例如談戀愛時，眼睛會不由自主追著對方跑，也會去打聽對方的出生年月日及喜好，製造見面的機會。如果連行動都沒去付諸，那就是沒那麼喜歡對方了。

人本來只要隨順著心靈而走的感知器而活，就能活出得償所願的人生。

可是因為我們總是透過用正確或不正確、好或不好來做判斷，且學校教育又只教導使用大腦，所以心靈就愈來愈不起作用了。

這麼一來，我們將難以利用潛意識，也無法順利捕捉到來自潛意識的資訊。**若大腦總是在活動著，就無法用五感來感受事物了。**

因為「感受」，人就會行動。有個詞叫做「感動」，但沒有一個詞叫做「理動」的。比起用理論或道理讓大腦動起來，現在就讓我們將感覺磨練得更敏銳吧。

本章中將告訴各位，透過反覆學習磨練五感，就能運用潛意識來找回感覺、感性的方法。

磨練心靈的感知器，請找回隨時都能捕捉到來自潛意識訊號的自己。

撫摸純淨的東西以調整波動

看見嬰兒或抱抱動物時，自然地就會笑逐顏開。即便沒有這樣的機會，單只是看著嬰兒或動物的影片就會令人備受療癒。

為什麼會受到療癒呢？因為他們是**潛意識集團**。

嬰兒及動物不會用大腦思考並行動，是遵循著心在行動。也就是說，**只要觸摸純淨的東西，人的波動就會被調整**。

我很喜歡狗，會定期去看相關影片，也把手機螢幕設成了狗的照片，所以感覺備受療癒。若在外面看到了狗，我也經常都會一直盯著看（笑）。

若想觸摸純淨的能量，建議也可以在房間裡放置鮮花。

只要去到飯店大廳或休息區，幾乎都可以看到有鮮花的裝飾，各位會不會覺得單只要有鮮花，就能夠在那個空間中感覺到新鮮的能量呢？

實際上，單只是看著花的顏色、質感，聞到花的香味，就會孕育出許多感覺，像是幸福的心情等。

除了用鮮花裝飾，弄些園藝或是去綠意盎然的公園也很好。

看著大樹時，有很多人會去又摸又抱的，那是因為接觸到大樹的能量，可以調整自己的波動，讓心情平穩下來的緣故。

尤其是住在都市的人，定期到大自然中去也是很重要的。

此外，也可以使用不含合成香料，百分百天然的精油，用香氣來磨練五感。若感覺遲鈍，請務必要選用真正純淨的精油。尤其推薦給想換氣、想放鬆、想進行創作活動的人。**香氣會直接傳入潛意識中，不須要思考，心靈就會動起來唷。**

我最近喜歡的香氣是薄荷與柑橘。工作或冥想時若聞著薄荷香，頭腦會較為清醒，很容易專注。

自然形成的香味，能導引我們前往真正的療癒中。放鬆時，潛意識也會開啟，請務必一試。

連枝微末節處都要留神、照料、關心

被擦得光亮無比的窗玻璃讓人感覺很好呢。那是因為對你而言，你的心認識到了「愉快」這個狀態。

因此首先讓我們來擦拭乾淨周遭眼睛所能看到的各個地方吧。地板、窗戶、桌子、鏡子、鞋子、皮包、首飾、電腦或手機的畫面，透過擦亮各種物品，就能確實把意識朝向眼前的物品，磨練感性。

「掃除」與「清掃」兩個詞略有不同，掃除指的是將汙垢清理乾淨，但清掃更有磨亮的意思。用抹布擦拭乾淨的地板時，我們就會說是「清掃」。

因此，最好能留意「清掃」自己所處的空間來生活。

順帶一提，就算做不到也沒必要自責。不太會有人能每天都清掃得很完美，我也沒有全都做到（笑）。

不要責備做不到的自己，要是沒做到，再去做就好。請抱持著輕鬆的心態去嘗試吧。

此外，還有一點很重要，那就是**連枝微末節也要注意到**。

髒汙或是綻線的鞋子、指甲太長、頭髮很多分岔……若每天都忙碌度過，就容易想著「只是這樣而已，隨便啦」而忽略過去。

若心靈沒有餘裕，就無法注意到枝微末節處。正因如此，才更要去留意枝微末節。

開始之前或許會覺得沒時間，一旦開始後就會有時間了，而且心靈也能生出餘裕來。

這麼一來，心靈應該就能感受到「愉快」。

我們的大腦會在瞬間判斷出是愉快還是不愉快。**開啟總是會讓心情很好的愉快開關，並重複進入這樣的狀態，運氣就一定會上升。**

而且若是連枝微末節的地方都注意到了，就能俯瞰一切，捕捉到資訊。

頭髮掉在地上了就撿起來、有水滴滴到洗手台上了就擦掉，只要養成這些習慣，最後就能培養出可以看透各角落的能力，所以有助於**養成能俯瞰一切的目光**，而且也能培養出一有發現就立刻行動的習慣，這樣就是最棒的了！

不過，並非是「非做不可」，要開心地去做。這是最有效的訣竅♪

為物品命名並和它們說話

之前跟大家說過，在房間內裝飾鮮花就可以磨練感覺，而我在擺設鮮花時，會為它們命名並說話，像是：「小〇〇，你真漂亮呢♥」

覺得它們有些虛弱時，也會邊跟它們說：「還好嗎？我幫你們換水喔。」邊換水。結果很不可思議的是，它們居然就變得生氣勃勃了！植物也有生命，也會受到你話語能量的影響。

小學時，我有過很不可思議的體驗。我很珍重的時鐘壞了，我一邊拆解它，一邊跟它說話：「為什麼不動了呢？沒事吧？希望你快點動起來喔。」然後我重新組裝起來後，它竟然就開始動了！這或許只是偶然，但從那時以來，我就認為「物品絕對是活著的」。在家中，家人都會以奇怪的眼光看著我和各種東西說話（笑）。

植物與物品也能對感謝的能量共鳴

透過將意識放在總是無意識使用的物品或場所上，就能打磨你的五感。

建議回家時，即便家中空無一人，也要和空間對話，說著：「我回來了～」

而且只要加上「真的很感謝你」這樣的感謝能量，空間就會變整齊。由自己主動發出那分能量，在被那種能量環繞的環境中度過，將能為你帶來好運。

一流的廚師不會被菜刀所傷，因為他們會珍重對待菜刀這個工作用的道具，每天早上都會擦得乾乾淨淨，心懷感謝的去使用，據說這樣就不會因為那個工具而受傷。

這完全就是與物品關係協調的狀態。

誠如我在第一章說過的，不論是生命體、物品還是場所，全都是由相同的基本粒子所構成。**若能和各種物品取得協調，就能大為打磨你的感覺及感性。**

請務必試著幫物品命名並和它們說話喔。

決定「一定要由自己主動打招呼」

早上，你有沒有開朗又有活力地主動向同住大樓或附近的鄰居打招呼說：「早安！」呢？

在第一章中有提到，大能量會把小能量捲進來，所以**只要由自己主動打招呼，由自己發出的爽朗能量就能調整自己與環境**。

大家應該有看過在相撲比賽前，會在會場灑鹽清淨的場面，請想像不是用鹽而是自己爽朗的招呼聲來清淨環境的景象。

環境會因為打招呼而改變，這點可以透過**【實驗四】**（參照第九十頁）那樣確認身體是否有變柔軟來實際體驗。試著感受一下，在那個環境中打招呼的前後，自己的身體有什麼變化吧。

此外，若經常想著「由自己主動打招呼吧」，周圍就會擴張出天線，也會萌發出感覺來，有助於與周圍的調和。

因為是自己積極主動地去行動，而不是被動的等待，所以能量就會提升，被搭話的人也會展現笑容，是一箭雙雕的行動。

前些天，有位從事不動產工作的男性想拍攝介紹物件的影片，所以我教了他如何自拍。

一開始他的表情很僵硬，氣氛也很沉悶，但不管怎樣，我告訴他要爽朗地打招呼，然後揚起聲調，面帶笑容地拍攝。

結果自他開始製作爽朗地打招呼再介紹物件的影片後，他自己的性格似乎也變得明朗起來了，**工作上的行動也變得更積極，幾日後，甚至還榮升了店長。**充滿活力地主動散發訊息出去也有助於提升自己的能量，最後，好的發展也會集結而來。

請留意由自己主動打招呼，打造充滿能量的狀態吧。**別只是被動等待，要由自己發出訊息，主動提升能量——**

這麼做，就能實際感受到現實動了起來，而且如此一來，也能感受到能量擴及到周圍的影響。

回想初次約會的情形以充電

興奮或是激動時的能量會是非常輕的狀態。

這時候在動的**不是大腦而是心**，所以我會想要保持這樣的狀態。

因此以下，我將告訴大家能在瞬間製造出這個狀態的方法。

就是回想起初次約會的情況並沉浸在其中。

「什麼？妳在說笑吧？」似乎有人會這麼說，但我是認真的！（笑）

說起我的情況，我的初次約會是在十八歲的時候。我和最喜歡的他去了位在東京文京區的六義園。那座庭園非常美麗，只要想起我們兩人在那裡度過的天真爛漫時光，至今仍會讓我不禁浮現出微笑來。

或許有人會覺得「無聊！」**但在那個瞬間，能量一定會有所提升**。

若一直發生不好的事，讓能量無法提升時，請回想起初次約會的情景吧，這樣就能盡早提升能量。

你的初次約會是在何時？在哪裡？和誰呢？

若有人沒有初次約會的記憶或是已經忘記了的，也可以想想與戀愛無關的事，**只要是會讓你非常開心或愉快的事就好！**

此外，若有人什麼都想不起來，那幻想也可以。可以是最喜歡的藝人，像是想像在夜晚的酒吧中被福山雅治追求的場景，這樣也可以提升能量喔！

我國中時期喜歡的歌手正好與自己同姓，所以我就自我幻想著兩人會結婚而提升了好心情（笑）。

情愛是不須要思考的，所以就提升能量來說非常方便。**只要提升了能量，就能發生好事**，所以請務必要嘗試看看。

徹底扮演「一日明星」

出席結婚典禮喜宴或宴會時，只要一穿上和服或禮服，你是否就會覺得能量提升了？

那是因為感覺變得和平常的自己不一樣了。就像這樣，只要透過展現不同的自我，就能提升能量。

因此，試著決定好在一天內扮演喜歡的女演員或男演員，打扮時尚地外出吧。例如若決定扮演松嶋菜菜子一天，就試著穿上松嶋菜菜子風的衣服、髮型，連心情都要澈底變身成松嶋菜菜子地外出吧。

這麼一來，就會發生有趣的事！

首先是會湧現出和人見面的衝動。難得澈底變身成女演員，而且打扮得很時尚，比起不和任何人交流地獨自一人度過，會更想試試正在演戲的自己的魅力。

這時候，我會出門去百貨公司的化妝品賣場，和化妝品專櫃美容部門的美麗小姐搭話。我喜歡美麗的女性，所以只要這樣，就能提振心情（笑）。

我本來性格陰沉，沒什麼勇氣，但若是變身成比平常更時尚的女演員模式，我就會拓展行動範圍。

單只是待在專櫃邊被勸說嘗試化妝品邊對話，就很讓人開心。我覺得化妝品專櫃就是有種不可思議的魔力。在明亮燈光下看著自己的臉，看起來會比平常美麗，而且單只是被專業人士上妝，也能提升能量。

其他還有**建議可以去到平常不太會去的高級名牌店或餐廳等**。

在門檻高的店家中，工作人員或打造那個環境的人們的想法所匯聚的能量，會充斥在商品與空間中。單只是觸碰到那些能量，就能磨練感性。

請試著去感受當下的快樂、好心情，以及以往沒有感受到的刺激。

若以這樣的心情過日子，就會覺得路人比以往更溫柔，還會對著自己微笑。這也是鏡子法則喔。

如此一來，對自己的印象會改變，也會拓展吸引來的事情與東西範圍。

打造碰上奇蹟的「直覺日」方法

我希望總是忙碌的人能去做一件事，那就是整整一天不要排預定，空出一天，讓自己想到什麼就去做什麼。也就是說，請試著打造遵循直覺而過的日子。

首先，早上起來時，從「要讓今天變成最棒的一天！」宣言開始。單只是這樣，應該**就能讓自己興奮不已！**

手機跟汽車導航的電源也全都關掉，進行電子排毒。決定好要依循感覺而走，跟著自己心靈的感應器過一天。

這麼一來，就會在自己的周圍打開天線，雖是常走的路，也能發現至今都沒注意到的店家。有時試著走進去逛逛後，就會在那裡有新的發現或邂逅。

我在二十四歲時，突然決定要去日本的最南端，就和當時交往的男朋友在三天後，一起飛到了沖繩的波照間島。

雖然決定很倉促，但偶然地，那時居然剛好有兩個機位，而簡易旅館也正好只剩下一間房。

到了波照間島，我們什麼都沒做地窩在旅館時，半夜我又突然決定想跑到最南端去，就帶著手電筒，費盡周折地走到了海岬。

強風中，**我大聲地說：「我Honami二十四歲，會永記微笑與積極的話語，此後，將為了這世界、為了人類而活！」**感覺到暢快的瞬間，突然有個像隕石的東西從東邊往西邊的天空飛去，那時的天空如白晝般明亮。這樣說很誇張，但那光芒，瞬間讓我以為地球是不是要滅亡了。

我就算跟簡易旅館的大叔說了他也不信，結果我之後去查詢才知道，那是「火球」。我告訴計程車司機自己看到了火球的事，他跟我說：「我已經在石垣島上住超過五十年了，也只看到過兩次。」**在我做出宣言後立刻出現了這貴重的瞬間，我確信，那完全就是**

受到宇宙支持的瞬間。

就像這件事一樣，只要遵循感覺及興奮來行動，就能吸引來意想不到的事情。

現代人太依賴手機等電子資訊了，所以容易忽略直覺。正因為這樣，定期打造直覺日並去行動，自然就能磨練感性。

請試著一個星期打造一次直覺日，若有困難，就一個月一次。比起普通的生活，這樣的一天會更有趣、更刺激，所以我非常推薦。

刻意放慢動作

「忙」這個字拆開來可以寫成心亡，誠如字面所示，若忙忙碌碌的行動，心靈就會喪失餘裕。

因此，試著留心刻意放慢動作吧，像是走路的速度、說話的速度以及吃飯時的速度。

我本來是很性急的人，平時就習慣快速行動。尤其有觀看 YouTube 的大家應該會發現，我一旦興奮起來，說話就會愈來愈快。

可是，意識到「在這段時間中慢慢行動吧」並實際去做之後，自然地，我的呼吸就變深了，也能感受到一股舒暢的餘裕。**在這樣放鬆的狀態下，我們的潛在能力就會打開。**

慌張忙亂時，呼吸會變淺、自律神經會失衡、全身血流會變慢，因此五感的機能就會降低。

慢慢走路，就能察覺到平常沒注意到的景色。
慢慢說話，就能感受到對方的心情。
慢慢吃飯，就能享受到食物的香氣與美味。

正因為每天都很忙碌，才要刻意放慢行動。只要這樣做，心靈就能沉靜下來，平穩地與所有事物達成調和。

向祖先起誓的「一個人朝會」

最近有個風潮是覺得「朝會無用」，但原本，朝會時間是在一早共享所有人共同的理念與願景。目的是在慣性地開始工作前，再次確認應該要做的重要事項後再著手工作，藉此將工作做好。

因此，試著來進行「一個人的朝會」吧。**那麼，朝會要做些什麼事呢？那就是向祖先起誓。**

以下的舉例，是我起誓的內容。

（夫家姓氏）家、（娘家姓氏）家、（娘家母親的姓氏）家、（婆婆的姓氏）家歷代祖先在上（若是單身者，就是「（自己的姓氏）家、（母親姓氏）家」歷代祖先在上）。

一、今日也承蒙您們賜予我們生命，我與不勝惶恐的家人們都由衷感謝能幸福地走在這條報恩的人生路上。謝謝。

二、期望您們保佑家人、親族、恩師、前輩、伙伴們以及此前遇見所有重要的人們度過平穩、有價值的一天。還有請導引真正的平安來造訪所有人的人生。

三、關於〇〇（現今的夢想或目標），我由衷感謝您們與神佛一同庇佑、引導我在最佳時機、最佳狀態下，走上成就的軌道。我將未來的一切、會引導出什麼樣的結果都交託給您們。我會誠心、面帶微笑地等待情況明朗的時機到來。

四、我會努力迅速、心懷喜悅、明確地去進行您們讓我察覺到的事項。以上。

其實在開始唸誦這段誓言內容的那個時候，我有著將近四百萬日圓的負債。我想著得要做出些行動，所以去找了一位七十多歲的經營者商量，那時他告訴我：「只要唸誦這段文章向祖先們起誓，一切都會變得順利，所以請試試看吧。」

因此，早上起床後，我面向太陽，一邊進行著「一個人的朝會」，一邊如抓住救命稻草般開始唸誦著。

早上起床後，面向太陽，向祖先起誓

然後，**在開始唸誦一個月後，我的月收竟然達到了和負債一樣的金額！**三百六十九萬，完全一致！那時候我感覺到自己真的受到了看不見的力量的支持。

但是在那之後，我因得意忘形而開始偷懶，沒去唸誦誓言，結果營業額竟掉到剩十萬日圓（笑）。

如今，我幾乎每天都會唸誦，偶爾忙碌會忘記唸誦，這時我就會覺得自己好像忘記了感謝，自己的軸心也歪曲了。

其實，**在這篇文章中，匯集有宇宙的全部真理。**

「感謝祖先們賦予我生命」
「帶著感謝家人、親族、恩師、前輩、周圍所有人與期望他們幸福的心情」
「相信夢想會成真」
「帶著笑容將一切交付給祖先」
「立刻心懷喜悅地行動」

仔細玩味這裡所寫的內容，只要決定好要照那樣生活，一切就會如願成真。這個效果超群，請務必要嘗試唸誦。

比較有時間的日子，可以點精油或燃香後再唸誦，如此一來也可以很好地活化五感。這效果非常大！大家應該會被籠罩在受到眼睛所看不見的存在所守護的感覺中。

進行「六方拜」以感謝各種人事物

要取回感覺、感性，**最重要的就是要讓自己能感謝所有人事物**。

只要足夠了解感謝，就能連結起位在潛意識內部的集體潛意識及超意識，心靈就會不經思考的開始行動。

在此，有一個非常有效的方法就是「六方拜」。這是我在大學時期得知的方法，**這個儀式是要向東、西、南、北、天、地六個方向表達感謝**。

知名的企業家也說：「六方拜是改變人生最有效的方法。」

以下要來說明做法。

跪坐在地板上，面向東方，對父母、祖父母、祖先說「謝謝」，並以額頭觸地表達感謝。

朝向西方，感謝夫妻、手足、家族、親戚。

朝向南方，感謝照顧過自己的恩師、教導過自己的人、上司。

朝向北方，感謝朋友、知己、同事。

臉向上朝天，感謝太陽、月亮、天空、宇宙。

朝向地，感謝大地、動物、植物。

如之前介紹過的「向祖先

起誓」一樣，只要向萬物傳達感謝之意，心情就能如同獲得守護般地變得溫馨起來。

我每天早上都會進行六方拜，之後就能遇見想見的人，或是能去到想去的地方。這真的很不可思議，但在日常中，湧現出對一切事物的感謝，就會發生許多讓人不得不感謝的事。請務必要將之採用做為早上的一個習慣。

第4章

與潛意識連結的祕訣就在於「愛自己」

愛自己就要「遵循本心而活」

在前一章，我告訴了大家透過對生活用點心思以提高感性的方法，大家有覺得自己的五感被打磨到了嗎？

例如因為看到公園樹木上花蕾綻放而開心、感受到被風吹拂的感覺、察覺到朋友妝容的變化等，**若是能感受到平常會直接忽視而過的事情，就是五感有被磨亮的證據**。

若多少能感受到這樣的感覺，接下來，就要面對自我，透過不斷累積**「愛自己」**的練習，更加深感性。

在心理學及靈性等各領域都有提到，「愛自己很重要」，但應該有很多人都不知道，到底該怎麼做才是愛自己。

愛自己的第一步是**「遵循本心而活」**。

泡溫泉、去做全身美容讓心情舒暢等，在療癒自我的意義上也可以說是愛自己。

但是不論如何療癒自我，在每天的日常中，若沒有遵循本心而活就是背叛了自己。在這樣的狀態中，就無法說是愛自己。

若一直背叛自己下去，心靈就會逐漸封閉起來。

這麼一來，就會不知道自己的真心，像是「喜歡○○」「想做○○」等。

真心會在興奮或放鬆時冒出。這時候，你將會處在一個完全沒有不安的狀態下。

若所有人都能以本來的自我去過生活，那每天就都會快樂得不得了。**若遵循著真心而活，自己會變得很協調完整，也能調和自己所打造出來的世界。**

因此，面對自己的真心非常重要。

時常用心傾聽自己「想怎麼做」「想成為什麼樣的人」，就不會被周遭的情況給牽著鼻子走。

同時，因為遵循著自己真正的心情而活，就能順利創造出理想的未來。

在這章中，我將告訴大家面對自己心情、愛自己的方法，以及與真正的自己和諧相處的方式，這個方式是連接潛意識，打造夢想未來的基礎。

去做你打心底覺得被吸引的事。請過著這樣的人生。

這才是愛自己。

多和「另一個自己」對話

雖說要依循真心而活，但卻不知道湧現上來的是真心嗎？還是被常識所侷限住的思考呢？這情況經常會有。

實際上，此前一直使用大腦（思考）而活的人，據說很多都不太知道自己的真心。

所以，打磨感性的練習很重要，**但不知道真心時，就請透過想像，在自己心中養成另一個自己。**

只要想像在養成自己，就能和另一個自己面對面並交談。請試著做出和飼養寵物或養育嬰兒相同的想像。若寵物躁動不安、嬰兒哭泣不已，你會敏感地去感受他們現在有何感受、想要些什麼吧？請也這麼對自己吧。

例如吃飯時，可以問問自己：「想吃什麼？」若另一個自己回答：「嗯～今天想吃咖哩呢。」就吃咖哩。

若另一個自己說：「好像不太餓呢。」那就等之後肚子餓了再吃。

泡澡時可以問：「想要放什麼味道的入浴劑？」外出前問：「今天想穿什麼樣的鞋子？」「想穿什麼樣的衣服？」「要走哪條路去？」

就像這樣，**把生活中的瑣事全都拿來問另一個自己，請自己選出哪一個比較好。**

然後盡力去感受將自己所選出來的東西給予自己時的那分喜悅。「是之前一直很想吃的咖哩～！」「泡了最喜歡香味的澡，真舒服～」「穿上這身衣服跟鞋子讓人好興奮～」就像這樣，充分活用在前一章中鍛鍊的五感吧。

詢問自己時，重要的是要用心傾聽而不是用大腦。

一旦用大腦思考，回答就會變成像是：「應該怎麼做呢？」但若傾聽自己的心聲，答案就會是：「想怎麼做呢？」

然後請好好聆聽所養成的自己的真心。問自己：「可以先別管周圍的意見，你真正想怎麼做呢？」

就像這樣，要多多和另一個自己對話，請確實留意自己究竟是怎麼想的，以及是怎麼感覺的。

這樣一來，真正的你就會覺醒。這就是愛自己的第一步。

慰勞自己的自我擁抱&按摩

若你有最喜歡的人、伴侶、孩子、寵物，有時會很想擁抱他們吧。

你曾經擁抱過自己嗎？

你曾經觸摸著自己的身體，跟自己說「謝謝」嗎？

平時，我們都拚了命的活著，但若用大腦思考的時間增加了，就不太會感謝自己或自己的身體，很多時候就這樣一天過一天的過下去。

誠如我在第一章中所說過的，「愛與感謝」這分能量是這個世界上最強的能量。總是和你待在一起的，不是其他人，就是你自己。向這樣的自己傳送愛與感謝的心情吧。

最簡單的方法就是**自我擁抱**。

【實驗三】（參照第五十八頁）一邊對眼前的人低語著「我愛你」，一邊起身。就和那個實驗一樣，只是這次是要傳達愛給自己，擁抱自己的身體。

泡澡時、睡覺前等放鬆時刻比較好做，但也建議可以在臨時起意時，或碰上有什麼重要場面時去做。

可以試著自由地加上要給自己的話，像是「一直以來，都很謝謝你。」「今天雖然很辛苦，但你做得真好。」「我沒問題的，一定可以做到！」

我的朋友在浴盆中第一次擁抱自己時，眼淚湧了出來，止都止不住。

她滿心想著：「至今以來，一直都全然不在乎自己……對不起、對不起。」她想起了過去痛苦的記憶，在想像中擁抱了過去的自己。

她感覺到非常舒暢的幾日後，居然就遇見了非常愛她的最佳伴侶！

其他還有像是擁抱自己、每天給自己愛後就修好了壞掉的電器用品，或是在職場上很討厭的人調職了，還有改善了身體的不適等，有很多伙伴們都有這樣不可思議的體驗。

或許有人會覺得：「這跟擁抱自己有什麼關係？」但**萬事萬物都與集體潛意識有關**。

給自己愛，狀況及環境就自然會調整成讓自己更能感受到愛。

大家覺得這不是真的嗎？只有做過的人才知道其中的神奇。而且擁抱自己是免費的！不用錢的！試著做做看吧！（笑）

此外，或許一般人在日常中不太會去注意到自己的身體，但我們能活到現在，都是因為有著從出生至今不斷跳動的心臟、持續呼吸著的肺臟，以及會消化一切食物的胃腸。

這麼一想，身體真是很了不起呢！

不論是我們在睡著時、下雨天、颳風日，身體都是全年無休地在運作著……也好好慰勞一下自己的身體吧。

建議在洗完澡時，可以使用護理用油塗抹身體並進行按摩，這樣血液循環也會變好，好處多多！

話說回來，最近，你有仔～細看過自己的身體嗎？

向努力活下去的自己說「謝謝」

雖然不禁就會不想正視現實，但請看看映照在鏡子中的全身。或許也有人會因為理想與現實的差距而陷入絕望的心情，但請務必邊想著理想的身體，邊沖洗身體吧！

想著：「大腿再細一點～」邊沖洗大腿，或是想著：「胸部再變大些～」把後背的肉往胸前擠，只要這樣，就能打造出真正理想的身體。我有朋友還因此變成了F罩杯呢！

如同前述，我在國中時期非常想變成雙眼皮，我一邊描繪著理想的雙眼皮，一邊進行著眼皮體操，一直看著鏡子，持續撫觸眼瞼。結果，我真的在一個月內成功讓雙眼皮定型了。

從這個經驗中，我實際體驗到了身體真的會變成理想的型態。

不過，若是帶著嫌棄現今自己而想改變的負面想像去做，就會往那個方向實現。

「我現在已經很棒囉～這麼一來，就會更完美了～」請用像這樣的正面積極想像，給予自己愛。

眼前的人是映照出自己心靈的鏡子

若遭人非議、被說了令人在意的話、被冷淡以對，大家是不是在下意識中就會想歸咎於是對方的問題呢？

像是覺得「那個人真不貼心」「那個人的性格真惡劣」。

就像這樣，若發生了什麼讓自己覺得不舒服的事，就容易認為是對方的錯，但很可惜的是，我們並無法改變他人。

能夠改變的，只有你的觀點。其實就像這樣，落入負面消極情緒中時，才正是察覺自己擁有何種成見的機會！討厭的人會正好反映出自己的內心。

例如A先生說你「好胖呢」時，若你覺得胖胖的自己是很可愛的，就能開朗回應：「對啊～最近稍微胖起來了。」

另一方面，若你自責於變胖了，就會煩躁的覺得：「用不著說這種傷人的話吧，這人真是太粗神經了！」

但真相是，你並非被對方所傷，而是自己傷害了自己。若認為「變胖的自己很糟」就是在否定自己，所以才會煩躁。

若能接受這樣的事實，你所看見的世界就會瞬間為之一變！

若遇見了討厭的人或害怕的人，就試著確認看看「自己不接受怎樣的自己呢」。

例如「看到很會撒嬌的人就煩躁」時，就是認為「不可以撒嬌」，禁止自己撒嬌。

「對不會察言觀色的人湧現憤怒」時，就是認為「必須配合周遭」，禁止自己隨便發言。

就像這樣，因為真心其實是想要撒嬌、想自由自在，但自己卻禁止了自己這樣做，所以看到那些能隨意做出這些事來的人會感到憤怒。

可是，本來依國情不同，常識與規則就會不一樣，**沒有人規定「向人撒嬌就是不好」或是「一定要察言觀色」，這些也不過都是來自於過去經驗的成見。**

我的某位女性顧客有個念小學的兒子，她不論怎麼說，兒子都不收拾東西、不做功課，使她非常生氣。她因為嚴懲了兒子而感到自責，於是來找我諮商。

我問她：「妳自己在小學生時期是怎麼度過的呢？」她說她家家教很嚴格，從學校回來後，一定會立刻做功課，而且每天都要學習才藝。

因此就她看來，**她認為：「回家後立刻做功課是理所當然的。」「不可以散漫磨蹭。」她察覺到，這樣的想法深深刻在了她的潛意識中。**

因此，我告訴她：「今天回家後，請試著和兒子一樣散漫磨蹭吧。」但她說了：「我絕對不要那樣。不可以那樣。」這樣強烈地拒絕了（笑）。我說：「只是散漫磨蹭而已，可不會死唷。」她才終於卸下心房，答應道：「是這樣沒錯……那，我今天回去試試看吧……」回去後就照做了。

結果那天，從學校回家的兒子不用她說，居然就自己收拾起房間，開始寫功課了。

不論希望對方去做些什麼，現實都不會改變，但只要改變自己的心，許可自己去做禁止的事，現實就會改變。雖然很不可思議，但這也是集體潛意識的力量。

我自己為負債所苦的時候，既覺得可恥，又對財富感到煩躁不安。我察覺到自己有著「不可以變富裕」這樣的想法而禁止自己去追求財富。

之後，**我只要一有空閒，就會低語：「我可以變得富裕」「我允許自己變得富有」**。

最初，我對說這幾句話感到非常彆扭，但只要有閒暇，我還是會持續低語，結果回過神來就發現，我已經可以毫不彆扭地說出這些話來。

話語就是能量。單只是能持續低語下去，就能改寫潛意識。

本來我連從顧客那裡收到幾千日圓都有些抗拒，但回過神來後發現，我已經能心懷感謝地接受並且變得富有起來。

覺得討厭或心懷不滿的時候，請重視那樣的異樣感。

尤其很多時候，人們都習慣忽視心中的混亂及異樣感，所以很建議大家，即便只是一點小事，也要寫在紙上，像是「我到底是覺得有什麼奇怪的呢？」「我是為什麼事情感到心煩呢？」等。然後試著冷靜觀察，你到底是禁止了自己去做哪些事情吧。

若湧現出憤怒、苦惱、悲傷、痛苦等情緒，就進行「情緒排毒」（參照第一〇四頁），總之先將負面消極的情緒吐出。

若感到暢快了，就能好好面對成見，想想為什麼會湧現出那樣的情緒來。

對無意識中的禁止事項做出許可，接受真實的自己吧。

感受對方心情的「換位思考法」

話雖如此，但有時還是會對某些人感到煩躁吧。這時候有一個好方法。

例如若是對總是嘮叨著「要那樣做」「要這樣做」的母親感到煩躁時，請站在母親的立場想像一下。實際想像一下進入母親身體中，用母親的視角來看著你的情況。

若你是母親，你為什麼會對孩子嘮叨地說：「要這樣做」「要那樣做」呢？

請試著想一下。母親是否只是想束縛孩子呢？是只希望孩子對自己百依百順嗎？母親的本意是什麼呢？你想通了嗎？

你能想像得到，她一定是因為愛孩子，才不希望他們遭遇危險或麻煩，因為不希望他們因失敗而痛苦才會嘮叨不休嗎？

也就是說，**正因為愛，她才會嚴厲斥責**。她會那樣做，正是因為很重視、很愛身為孩子的你。

試著轉換視角思考：「對方為什麼會採取那樣的態度？」

像這樣改變立場試著去感受對方心情的方式，就稱做換位思考法。**改變立場後，就能看出為什麼對方會採取那樣的態度，並感受到對方的心情了。**

這麼一來，連想跟母親說的話，應該也會變成像是：「媽媽，謝謝妳總是這麼擔心我。我有深思熟慮過後才去做這件事的，所以沒問題的喔。請放心。」這樣子。

若能了解到現在面前的情感背景，很多時候就能收束對人的怒氣。所以請務必試著將這方法活用在人際關係中。

從「沒有」到「有」，可以消除九成的煩惱

有人會感嘆：「那個人是美女，很受歡迎，性格很好，在工作上也很能幹。跟她相比，我性格低調不起眼，不可愛，也沒才能。神真是不公平啊！」但是神給予每個人的機會都是平等的。

然而很多人都會說著「可是」「因為」「反正」等理由，反而忽視了降臨到自己身上的機會。

我稱這三個詞為「三D」*，從今天起，我們就來消除這三D吧！

愈是會自我否定的人，愈是會在無意識中連續說出這些詞，但只要使用這三個詞，你的能量就會低落，也無法實現目標。請嘗試著使用這些詞後，再度試試看【實驗二】（參

*註：在日文中，可是（でも，demo）、因為（だって，datte）、反正（どうせ，douse）三詞的發音都是D開頭。

考第四十六頁），應該所有的人都能出現驚人的力量。

「話雖這麼說，但一回過神來還是又說了……」我似乎能聽到有人這麼說。那為什麼**我們總會說出那三個詞呢？因為我們總是將目光看向自己沒有的東西以及缺乏的東西上。**

我們常會聽到這些話：「我沒有才能，做不到。」「我沒有自信。」但因為我們總將目光投向沒有的東西及做不到的事情上，所以才會將這些情況化為現實。

可是，我們一定有擁有的東西及能做到的事。

例如會做菜、能搭電車去公司、順利度過每一天……**請把目光投向有的東西，聚焦在那上面。**

說沒錢的人，就是把目光都投向了花出去的錢上。可是，付出了錢就應該會有得到的東西，我們要把目光好好投向那上頭。

我過去曾為負債所苦，每個月總是聚焦在支付出去的金錢上。結果，我聚焦的事物就化成了現實。因為目光聚焦在沒錢上，就總是處在花錢的狀態中，然後變得愈來愈窮。

只要把目光投向獲得的事物上，培育循環的金錢，獲得富裕的感覺，就能創造出富裕的現實。

因為付了房租才有地方住，因為付了瓦斯費才有熱水可用。確實將目光投向這樣存在於日常中的富足吧。

我在第一章中也說過了，**之所以對自己沒自信，全都是出自成見的幻想**。因為總是把目光投向自己做不到的事及欠缺的東西上，所以才會沒有自信。

自己擅長的事物或才能等，不論多小的事情都可以，請試著找出自己擁有的東西吧。

每個人都有各自擅長的事、感到棘手的事，優缺點各有不同。正因如此，人要相互協助才能活下去，從中就會產生出感謝之心。

有做不到的事是理所當然的！比起責備這些，專注心力在自己能做到的事情上吧。

沒有人是完美的。然而不知為何，很多人總是為了想要做到完美而苦惱著。這是人類共通的大腦慣性，所以也是無可奈何。

請試著用輕鬆的心情，享受著找出自己的「所有之物」吧。

只要進行這個練習，就能消除人生中八~九成的煩惱。這個方法就是如此強而有力。

請察覺到自己並非「沒有」，而是被很多的「有」所包圍著的吧。

從生命的根源找到「感謝之事」

前面已經提過，感謝的心情很重要，而在感謝時，我們多會使用「謝謝」這個詞吧。「謝謝」這個詞也就是「不勝感激」之意。而「不勝感激」的相反詞就是「理所應當」。**因為沒有心懷感謝，視日常為理所應當而活。**

有床睡、每天有吃有喝、每天可以乾淨的過日子……這些都是理所應當的嗎？

我念大學時，第一次離開家自己一個人住，那時我切身體會到，擁有這些事物有多令人不勝感激。

因為有父親幫忙付房租，所以我有溫暖的床可以睡。

因為有母親幫忙煮飯做菜，所以我才有飯菜吃。

因為有母親幫忙清洗衣物，我才能穿著乾淨的衣服。

母親珍而重之的 Honami 一歲照

直到一個人住之前，我都把這些事看成理所當然，一個人住之後，我終於發現，這些並非理所當然的。

此時便對國中二年級時想著「要是爸媽都不在就好了」的自己感到很羞愧。

過了二十歲的某天，母親從筆記本中，拿出了一張變得破破爛爛的照片給我看。那是我迎來一歲生日時的嬰兒照。

我都不知道原來母親將這照片放在筆記本中將近二十年，因而非常感動，之後還將這照片拍了下來帶回去。

我把這件事告訴某人時，那個人這麼跟我說。

「在妳生日這天，開心於珍愛的妳一歲了，並且去到蛋糕店選蛋糕的父母親是怎樣的心情呢？」

「父母親會插上一根蠟燭，輕輕點燃。唱完《生日快樂》歌之後，他們會一邊說著：『來，笑一個～』邊切開蛋糕。因為有他們在，這張照片中的妳才會笑得那麼可愛吧。」

「這件連衣褲也是，妳一個人絕對無法穿上。他們應該每次都會幫妳別上別針吧。」

大家知道約在八百年前於神聖羅馬帝國所進行過的實驗嗎？

那個實驗是：「若對剛出生的五十名嬰兒完全不進行肌膚接觸，像是不給他們牛奶、不照顧他們排泄，也不幫他們洗澡，這些孩子將來會怎麼跟人說話呢？」

據說那些嬰兒的眼睛既看不見、不會說話，也不會笑，而且這些嬰兒們竟然全都無法活到一歲。

這個實驗很可怕，**但從中我們也可以得知，如今能這麼活著的我們，是因為和某人有了肌膚接觸才能活下來的**。

即便沒有留在記憶中，但應該確實有某個人那樣做了。沒有人是可以獨自一人活下來的。

有段時期，我一直誤以為「自己是獨自一人而活的」。但是**看遍周遭後發現，沒有任何一樣東西是靠自己一個人就能創造出來的**。

現在，我像這樣寫著文章，那是因為眼前有著電腦，但這台電腦不是靠我自己生產出的，而且能夠通電，也是因為有人發明了電。

話說回來，之所以會決定要出版書，也是因為有很多人跟我說：「試試看來做YouTube如何？」持續下去後，也是因為有各位看了影片後留言給我，才有編輯跟我說：「要不要來出書？」若要舉例，這可是怎麼都說不完。

在你能像現在這樣讀書的背後，**正藏有許多人與物品所賜予的「恩惠」**。

之所以能活到今天，都是因為有其他人的支持。

現在，能閱讀這本書，或許也是因為有人給你工作，讓你能買書，又或許是有人買了當作禮物送給你。請務必試著找出這樣的「恩惠」。

在這本書中，也說了許多關於感謝的能量。

大家應該常會聽到「感謝很重要」，但閱讀本書到這裡、做過實驗的你，應該不用想著「來感謝吧」，心中就會自然而然湧上感謝了。

這樣的想法會和各種事物做出調和，能帶給你出奇的能量。

你毫無疑問是被愛著、被守護著的。

正因為是珍重的人，才要告訴他真心話

將自己的想法、感受確實表達給對方是很重要的。尤其是對伴侶、家人等總是近在周遭的人，必須建構起用真心來交流的關係。

若無法說出真心話，就無法培育出「讓真實的自己被人所接受」這樣的感覺。

但是，很多人都深信：「要是說出了真心話，不就會被對方給討厭了嗎？」「不會破壞彼此間的關係嗎？」所以難以說出真心話。

然而若說出了真話，就真會被對方給討厭嗎？真的會破壞彼此間的關係嗎？要是不說說看就不會知道呢。

話說回來，若是隱藏自己真正心情與之交往的人際關係，能否打從心底感受到幸福呢？愈是背離本心，就會愈痛苦。

明知如此，若還是不說出真話而隨便應付過去，與對方的關係就只會愈發淺薄。最重要的是，若自己無法先說出真心話，對方也不會告訴我們真話。對珍重的人才更要坦率地告訴他們真話。

用不著害怕。只要帶著對自己與對方的愛去溝通，就能像在【實驗三】（參考第五十八頁）中呈現的那樣，對方的潛意識就能確實掌握住真心。

此外，跟對方說真心話時，不要把對方當主詞，像是「因為你～」，最好用「我」當主詞。只要說「我覺得～」「我喜歡～」，頂多就是在告訴對方你的感受。

透過承認並表現出自己的真心，對方就能接受甚至是愛真正的你。

我在與丈夫交往前，全都真心真意地說出想說的話。

例如「若要生養孩子，最好是在三十五～三十六歲之後」「想讓孩子在國外成長」「我還有很多想做的事，所以若想阻礙我或是束縛我是不可能的」「希望家事能彼此分擔」……

就是想說什麼盡量說！（笑）

也有人會說：「妳先生好可憐……」但我覺得，與其要過著自我忍耐、辛苦不已的結婚生活，還不如不要結婚。我有理想的生活方式，所以要將自己的想法與感受告訴丈夫。

我允許自己自由生活，先生也是允許我自由生活的人。對此我真的非常感謝。

若無法隨順真心而活，就無法給予自己幸福。

首先必須要靠自己給予自己幸福。不要掩飾自己的心情，要老實傳遞出去，與重要的人共享。

當然，也要傾聽對方的真心。這麼一來，就會比至今更深刻感受到人與人的連結。

不論是對自己還是對對方，都會自然湧上完整接受、深愛自己與對方的心情。這分能量將會更加豐富你的人生。

信件能提升自己與對方的能量

你最近一次寫信是在什麼時候？

還有，你上次收到手寫信又是在什麼時候？

現今是電子郵件與LINE的時代，能盡快與人取得聯絡，但正因為是這樣的時代，才更要用手寫信向人傳達自己的心意。

若是電子郵件等用鍵盤打出來的文章，一旦成了手寫信，遣詞用字就會變慎重起來，會想著對方的時間是很寶貴的。要不要試著對總是待在自己身邊的人寫下感謝的心意？

收到手寫信的一方會感到很高興，而且寫的人也會提升能量。或許還能重新發現「自己對對方有著那樣的想法」。

不好意思用話語來表達的話，用文字來表現就能降低難度。請務必要用手寫信寫出想傳達給伴侶、父母或朋友等人的心意。想著對方來挑選信紙的時間也是很開心的。

那分能量會轉變成手寫信，**在書寫時，心意也會傳達到對方的潛意識中。**

我有一位好朋友，很嫉妒她的姐姐，總把她視為對手，因為從幼年時起，她的父母就總是會稱讚她的姐姐「好可愛喔」。

但是她其實很喜歡姐姐，所以一直很煩惱於無法坦率面對姐姐。

某一次，她坦率地將心情寫成信給姐姐，並去見了姐姐。她一邊哭泣，一邊把信讀給姐姐聽。

這封突如其來的信似乎讓姐姐大吃一驚，但信唸完後，她的姐姐似乎也很坦率地告訴她：「我是長女，所以覺得身為姐姐，必須要以身作則不可，有時也會很羨慕妳。可是我也很喜歡妳，妳一直都很拚命、很努力，是我很引以為傲的妹妹喔。」

她察覺到，這只是自己單方面把姐姐當成了競爭對手，但姐姐也有她自己的辛苦，而且自己還是被姐姐所愛著的，因此她能把心意說出口，告訴姐姐：「我其實一直都很羨慕姐姐，卻無法坦率表達，但我真的好喜歡、很重視姐姐喔。」

她告訴我，自那天兩人都大哭以來，她與姐姐的關係就變好了。此前，她似乎都不太擅長把自己的心意與真心說給人聽，但之後她開始寫起信來，在日常生活中也變得能告訴別人自己的真心了。

只要邊想著對方邊寫信，就能回想起別人為自己做過的事或開心的事等原點，會湧上感謝的心情。這樣一來，對方就會感到開心，自己也能覺得幸福。

覺得「自己不被愛」的人也可以透過**邊回想起過往記憶邊寫信，察覺到你過去有許多事都是周圍的人幫自己完成的。**

你其實被他人所深愛著。希望你務必能想起這件事。

寫給重要的人的信，**也可以在交給對方前先拍照留念。**

我經常會回過頭去看在結婚典禮上寫給雙親的信。我一邊大哭一邊寫滿對雙親與丈夫感謝之情的信，實體至今仍在父母手邊，而照片也在我的照片集中，很寶貴的留存著。

只要回顧與對方關係的原點，就一定能感受到能量湧現的感覺。

別害怕被人討厭

你擅長表現出自己的想法嗎？還是很不擅長呢？

我在 YouTube 影片中經常會告訴大家：「若有想說的事，即便只有一件也好，都請寫在留言欄中。」因為我覺得那是一種表現自己想法的練習。

話雖這麼說，但還是有很多人對於表現自己想法這件事心懷恐懼。

最大的原因就是曾有被人批判過的經驗，擔心別人不知道會怎麼想自己。

可是，有人討厭自己是難免的。

一百個人中，不可能全部的人都喜歡自己。不論怎麼說，就是會被討厭的人所討厭。

若能接受這點，就不會害怕說出真心話了。

可是一般人或許很難一下子就接受這點。

這時候，請先從穩固自己周遭能信賴的人開始。誠如第一章所述，與會否定自己或不喜歡的人保持距離是非常重要的。

同時，若你有**不論說什麼都會接受你、有信賴關係的同伴，可以試著跟他們做「說出自己想法的練習」**。

在能讓自己安心的溝通中，若能表現出自己，接下來就可以稍微向外發展，最終，就是面向大眾，也能說出真心話了。

就這意義上來說，我會特別注意要讓我的YouTube影片留言欄，成為初次書寫的人也能安心表達想法的「安全地帶」。

沒有一個安心之處能表達自己的人，可以將那裡當成練習說真心話的地方，若是能這樣做，我將會感到很開心。

愛自己的人，物品與金錢也都會隨之聚集而來

小心對待物品的人是會重視自己的人，隨意對待物品的人則也是會對自己隨便的人。

因為「物品與人都同樣是基本粒子構成的，在集體潛意識中，物品與人全都是連結在一起的」。

若覺得「這本書雖然已經讀到了這裡，但是要愛自己還是好難……」首先就請珍重對待自己周遭的物品。**這麼一來，之後你就會珍重地對待自己。**

說得簡單些，在被工作追得焦頭爛額時，我經常會把手機掉在地上，摔破螢幕。此時我會立刻對手機說「對不起喔」，並送去修理。我認為，**那就是一種訊號，在告知我要再多重視一點自己。**

若是焦急而沒有多餘心力時，就無法把注意力放到物品上。正因為這樣，才更要留心去珍重地對待周遭的物品，如此心靈才會生出餘裕。

誠如我在第三章中所說過的，請試著留意平時怎麼對待使用的物品，例如鞋子放整齊、用雙手溫柔放置物品、擦拭手機及錢包等。

小心對待物品，就是你在對那些物品散發出溫柔的能量。

對待物品的方式就等同於對待自己的方式。若覺得自己是很隨便在對待物品的，就先改成小心以對吧。

這麼一來，別人對待你的情況，也會現實化成禮貌及周到喔。

「嘴角上揚」讓吸引力不斷加速

大家會一邊做著加油振作的姿勢卻一邊消沉落寞嗎？

應該是做不到吧（笑）。這就是心靈和身體相互連結的證據。就像這樣，**用一個行動就能簡單改變人的情緒。**

有一個迅速的方法可以讓自己開心起來，那就是嘴角上揚。只要嘴角上揚，大腦就會錯以為「現在好幸福啊」。這樣的結果會使得稱之為幸福荷爾蒙的血清素分泌。如同前面說過的，人會因為血清素的分泌而覺得幸福，而只要讓嘴角上揚，就能分泌出血清素。

也有癌細胞因為笑而消失的事例，就像那樣，只要讓嘴角上揚就會變健康，也會變得快樂，真是很棒呢。

實際上，我請我 YouTube 的各位觀眾試著上揚嘴角時，收到了很多令人開心的報告。

例如像是：和不喜歡的人關係變好了、有許多人都會來和我搭話了、之前被孤立的情況如夢般消失了，結交到了許多朋友、超商店員對待我好親切、有了美好的邂逅等等。

我自己在學生時代也會為了受歡迎而留意上揚嘴角。結果實際上，不論在同性間還是異性間都很受歡迎喔（笑）。

這麼做也能鍛鍊到表情肌，臉部會變緊緻、漂亮，真的是只有好處沒有壞處。要變得沮喪很簡單，但嘴角上揚能讓人的心情瞬間變得興奮、愉快，所以請務必一試。

因為成為了「微笑女神」，吸引力就會不斷加速。

看著對方的眼睛說話

與人交談時，你是否有好好看著對方的眼睛呢？

我還是大學生時，曾經在餐飲業界很有名的餐廳擔任過開業工作人員，打過工。

我在那裡澈底學習到了接待顧客的服務技巧，其中一個就是「看著顧客的眼睛說話」。若做不到，就會在後場被上司用斯巴達的教育方式，以像是要砸盤子過來般的氣勢斥責。但那樣的職場中聚集著滿懷熱情的工作人員，就為了提供給顧客最高級服務。

看著顧客的眼睛，打從心底想著對方，並與對方打招呼、對話，**這麼一來就會體會到與人連接以及心靈相通的感覺，也能遇見許多可以感受到「好幸福喔」的瞬間**。

實際上，能在那樣的職場中工作十分幸福，最一開始的時候，我每天都是哭著回家。

就像眼睛的美麗與靈魂的美麗是成正比的說法一樣，眼睛是反映靈魂狀態的地方。正因為這樣，**好好看著對方的眼睛說話，就能以靈魂去和人溝通**。

自那以後，我在與人說話時都會好好看著對方的眼睛，但很遺憾，現狀卻是無法和人對上眼神的情況比較多。

很多時候人們都會說我：「Honami小姐真會看著人家的眼睛呢。」但我是在無意識中習慣了看著人眼睛的。

請務必試著看著人家的眼睛進行對話。

若能用心靈與人對話，就會明白與人產生連結的感覺。

想告訴不知道自己真心的人一件事

我在大學三年級的時候，在校園的商店裡遇見了一本書。我打開那本書後，目光突然就停留在了「你願意漫不經心而活嗎？」這段文字上，我大受震驚地買下那本書，並一口氣讀完了。

我的心靈受到了刺激，進入了由那本書的作者所經營、為就職活動做準備的學校就讀。那是一所與自我一決勝負的補習班，要揭露自己所有弱點、面對過去的自己以進行自我分析。

「你真正想做的事是什麼？」

「想怎麼活？」

「想成為怎樣的存在？」

「你真的很享受現在的人生嗎？」
「你願意像現在這樣漫不經心而活嗎？」
「你真正想度過的未來，是怎樣的未來？」

我每天每天都和同伴一起持續這麼問著自己。

在之前一直過的生活中，**我都被教導著要在常識或框架的範圍中思考，例如「一定要在所有人都認可的大企業中工作」「薪水高的公司比較好」等，所以都不了解自己的真心。可是，託這間學校與同伴的幫忙，我想起了自己的原點，像是想怎麼活，想成為怎麼樣的存在等。**

畢業後，我持續探索著「自己真正想追求的生活方式」，而在這段期間，我遇見了現今在一起的工作人員與好友們。

他們也是在想著「持續著現今這樣的自己下去真的好嗎？」的時間點遇見了我。

我們彼此都很認真地想尋求自己真正想怎麼生活才會遇見的同伴。

現在，託大家的福，我收到了許多來自看過我 YouTube 的人的留言，像是：「我看到了自己真正追求著的生活方式。」「我能聽到自己的心聲了！」讓我感到非常的高興。有在看我錄製的線上節目的觀眾中，也有很多人邊哭邊向我說：「我終於知道自己真正想做什麼了。」

我在大學時期，因為遇上一本書的契機而找出了自己的真心，就像這樣，若這本書能誘出你的真心就太好了。

「你真正想前往的未來，是怎樣的未來？」

第5章

5

開創期望的未來，輕鬆實現夢想！

三步驟就能簡單實現願望

到此，我們做過了「放下不要的東西」「磨練五感」「愛自己」的練習。這樣一來應該大為整頓了你的潛意識才是。

因此本章中，我要告訴大家一個方法。**這個方法能讓你走上如願的人生，將期望的未來放入清理乾淨的潛意識中，輕鬆打造出現實來。**

要開創未來，最重要的只有三個步驟。

① 明確理想的自己

② 刻在潛意識中

③ 對浮現的想法心懷期待，並立刻去行動

關於這三個步驟，會在之後「開創期望未來的方法」這節中做詳盡的敘述，但是只要遵循著感覺雷達，不斷去做跑到眼前來的事，就能在最佳時機實現夢想。

誠如我在「前言」中所說過的，我收到過數不盡的開心報告，都是大家利用這個方法後獲得了期望的未來。

- 剛創業階段，收入很少，為了經濟而感到很不安的時候，結果被媒體報導了，有了穩定的收入。
- 還以為自己交不到男朋友，但提升自我肯定感後，就被喜歡的人告白了。
- 丈夫因腦出血昏倒，變得無法說話，對於與丈夫的生活感到很不安，但丈夫卻漸漸會開口說話，逐漸恢復了。
- 我知道自己真正想做的事是「寫書法」，熱衷到整個人沉浸其中，結果有人問我要不要開個展，也決定了要開首次的個展。
- 雖然一直持續在進行相親，但因為總是不成功而煩惱著，結果卻在很短時間內結婚了。

・雖然想要孩子，卻一直無法把丈夫當男人看待，之後因為拋開了成見，能對丈夫投注愛意，結果就懷孕了。

其他還有很多令人開心的事情，在此重要的是，不要一一對發生於眼前的事貼標籤。人會用自己的價值觀，像是「這是必須的，那是不用的」這樣來擅自做出判斷，但其實發生的所有事全都是完美的。

所謂的貼標籤，就像是以下這樣：

你想吃雞肉蛋包飯，宇宙會為此在你面前準備好必需的雞肉，但此時你卻說：「我想要的是雞肉蛋包飯！不是雞肉！」接下來，宇宙會在你面前準備好雞蛋，但是你卻又無視宇宙好不容易為了雞肉蛋包飯所準備的雞蛋。這麼一來，不論經過多久，都無法完成雞肉蛋包飯……現實就會發生和這一樣的事情。

在現實世界中，超意識總是會針對你所臆想的未來，用各種方法將最好的物品提供到你眼前。

因此，一旦把夢想、目標刻在潛意識後，就要接受所有發生的事，並且試著立刻將浮現腦海中的想法付諸行動，這點很重要。

請相信著與偉大力量相連結的自己吧。

實際體驗創造現實

雖說進入潛意識的事物一定會實現，但我們還是在日常中實際體驗一下這個法則吧。

這個實驗能輕鬆嘗試，所以也可以每天都樂在其中地去做。

訣竅就是用天真直率的心態去做。

但是，只要稍微有一點「話雖這麼說，但大概沒辦法吧」，或「不可能發生這種事」這樣的想法，就不會實現。

因為不需要根據，所以請試著以如同孩子那樣覺得「好有趣～！」的純粹心情去試試看吧。

◎之一 設定「過馬路時只會碰到綠燈」

①外出前決定好「今天在過馬路時只會碰到綠燈」。

②每次深呼吸放輕鬆之後，直到目的地之前都順從直覺，決定行走路線（採用靠直覺下車的路徑）。這麼一來，就真的會發生過馬路時能全碰上綠燈的情況。

※注意：大腦無法認知否定形，所以一旦設定「絕對不走紅燈」，反而就只會碰上紅燈。因此不要用否定形，用肯定式來做設定吧。

◎之二 設定想吃的食物

①深呼吸幾次並放輕鬆之後，決定「要吃〇〇」（咖哩、壽司、鬆餅等，想吃什麼都可以）。

②回家後，可能有人準備好了那料理，或是有朋友介紹給自己好吃的店家，總之能讓你吃到那些料理的現實都準備好了。

許多人無法實現夢想的原因

對於想要實現夢想，卻完全實現不了的人，我經常會講述以下的小故事給他們聽。

有某位女性想將「創業成功」刻在潛意識中，但好多年了，卻一直都沒實現夢想。

各位覺得為什麼她沒有實現夢想呢？

其實是因為，「創業成功」並非她真正的夢想。

她已經四十四歲了，但她在四十歲仍未婚時想著：「既然不能結婚，那至少也要創業成功，不然自己就沒有價值了。」所以她以為自己的夢想就是「創業成功」。

可是她在實踐了這本書中前述的步驟、找回心靈的過程中，察覺到了「其實我是很想結婚的」。

她曾經有著「一旦過了四十歲，就很難結婚」的想法，但現在她相信了自己的可能性，重新將「結婚」設定為夢想。

結果在幾天後，她居然就邂逅了理想的男性，半年後就結婚了！

這故事或許會讓人覺得很不真實，但透過調整心靈，也能清理潛意識，只要察覺到真正的夢想與願望，沒多久後就能實現，這種情況是很常見的。

許多人都曾經搞錯了自己真正的願望。

正因為這樣，實踐這本書中所提到的事才很重要。因為只要不斷重複此前提過的練習，就能輕易察覺到自己的真心。

仔細確認「自己真正的期望是什麼？」很重要。

阻礙行動的恐懼與不安的真面目是什麼？

有人說著：「想辭去公司的工作獨立創業，但一想到萬一會失敗，就會很不安……」而遲遲無法行動。

就像這樣，只要一想到願望無法實現，就會不安得無法行動，這是害怕失敗的人共通的想法。

例如，若獨立創業失敗時，害怕不知道會變成怎樣……？恐怕是恐懼於會賺不到錢吧。之後還有什麼可怕的呢……？沒錢這件事一定很恐怖。

一旦沒了錢，就無法吃飯，這很可怕……之後還會無家可歸，變成流浪漢，這更恐怖……最後……就是「死」。

「擔心不知道能不能瘦下來」也是一樣的。要是都放話出去了卻還瘦不下來……就會被大家批評「你這樣沒瘦啊」……之後就要面臨失去信用的恐懼……要是變成一個人，那情況很令人討厭……孤獨很恐怖……要是變成一個人……就活不下去了……

就像這樣，所有人都會對貧困、孤獨懷有強烈的恐懼感，追根究底下去，其實都是「害怕死亡」。

最終極的恐懼是死。也就是說，**因為不想死，所以不要實現心願比較好，因為會變成這樣，就不會去行動**。可是，連死亡都只是我們的臆想。

如果你獨立失敗變得沒有收入了，不會拚命去思考賺錢的方法嗎？要是很挑剔，可以先找找打工。如今的房租若很高，至少可以搬到比較便宜的住處去吧，若是去到鄉下，似乎還可以分到蔬菜。

減肥失敗，失去周遭信任也是，這種事似乎並不多見，萬一真發生這種事，只要坦率地說：「雖然放話出來了，但好像做不到呢。（笑）」就可以了。

被不安折磨得動彈不得是提前到來的辛苦

若總是想著「要是變成這樣該怎麼辦」「要是變成那樣該怎麼辦」這些事而停下了腳步，那也都只是擅自的臆想。

誠如前述，將臆想這些的時間**改變成「該怎麼做才能變成期望中的自己」這類積極正面的想法，會比較能接近幸福的未來**。

不論是好是壞，你所想像的事、注意的方向，都會被創造成現實。既然如此，希望大家能將能量盡量挹注在理想的方向上。

我曾經歷過資金週轉不靈，陷入貧困的深淵，我的事情前面已經提過了，在某種意義上來說也可以想成是，正因為跌落到那樣的地步，之後才會只有上升。

這麼一想就會發現，所有經驗對自己來說都是必須的。
沒有一件事是白費、不需要的。既然如此，去挑戰才比較能擁有刺激、快樂的人生！

決定要去實現後，就要去做所有想到的事！

若下定決心要去實現真正期望的事情，就不會有沒實現的情況。

我朋友的兒子是田徑選手，他想買一雙田徑用鞋。可是那雙鞋店家幾乎沒進貨，就算進了貨，也很快就賣光了，不常出現在市場上。

但是，因為他決定要買了，總之就每天都持續打電話去運動用品店問：「什麼時候會進貨呢？」

於是就在某天，她兒子偶然去到打電話詢問的運動用品店，問店員：「還沒有進貨嗎？」的時候，那名店員認出了他的聲音，知道他就是總會打電話來詢問的人。

結果店員說：「其實我們沒有在做預售，但若是進貨了，我們會特別聯絡您，請寫下您的聯絡方式吧。」並遞給他一張紙條。**一個星期後，他就真的買到了那雙鞋。**

他決定要買那雙鞋後，就將現在想到的所有方法全做過一遍，結果願望就實現了。

我也會去挑戰開創各種現實，而神（超意識）則似乎很喜歡測試。

神會測試「你是不是真的想要？」直到成為現實前，會有時滯或準備好你意想不到的高牆。但是別焦急，只要決定好要實現的未來，就只要去做你所想到的事就好。

決定了就會實現。

真心是A，但卻妥協於B也可以，就無法讓心願實現。

既然決定了，就要相信會實現，去做現在所能做到的事。

只要這樣，就真的能讓願望實現。

是「情感」讓一切現實化，而非「思考」

還有一點很重要，就是不要太執著於決定好的願望。

愈是用力於「一定要實現這件事不可」，想法會愈執著，就更難以實現。

因為**愈是用力想著：「一定要這樣不可」，就會在潛意識中刻下「這個願望難以實現」的印象。**

重要的是要放鬆地、開心去做。

重點是享受當下而活、感受到幸福。

我們期望著能成為理想中的自己，但現實是，比起實現願望而變得幸福，只要能享受**到實現願望瞬間的喜悅就會感到滿足。**

最終極的是，只要能感到開心，怎樣都可以。只要開心起來，不論理想有沒有實現，都會感受到幸福。

這麼一想，為了「開創期望未來」所做一連串作業的意義，可以說透過了開心的想像與行動，這樣的情緒就會吸引來下一次的開心。

與其說是思考讓一切現實化，不如說是情感讓一切現實化。

所以日常就要帶著好心情過生活、每天都過得很開心，就會漸漸讓這樣的未來變得現實化。

設定好理想中的自我並感到興奮後，就別固執在這件事上，只要努力享受眼前的一切並專心去做就沒問題了！

若是真心期望的事情，一定會在最佳時機實現，在此之前，請愛自己、相信自己，並實際去行動。

只要樂在其中，那分興奮期待的能量就會讓人與運氣聚集起來，吸引來超乎想像以上的幸福。

善用消極負面的情緒吧

「雖說只要決定了就會實現，但要行動好麻煩。」這樣說的人可以試著巧妙利用恐懼的情緒。

例如對於雖然想減肥、變苗條卻不願意運動的人說：「若在一個月內無法減下五公斤，你就會死！」他們立刻就會走出去運動呢。

也就是說，最終還是恐懼的情緒會讓人動起來。

因此，無法行動時，請刻意去想像最糟的情況。若一直這樣下去，不採取任何行動，最糟的情況會是如何？

像是「會變得愈來愈胖，穿不下喜歡的衣服，衣服全都得重新買過」「被開除，一直都找不到工作，付不出房租而被趕出來」等，具體、如實地想像出最糟的情況。

只要一直想像到心情不好為止，會開始害怕照現在這樣下去就會變成那樣，應該就會想要去行動了。

大部分的人都會認為：「恐懼的情緒不好。」但恐懼並不是件壞事。

也有很多情況是因為有恐懼，才付諸行動的。

雖然有很多人不善於持續行動，但我經常會使用這樣的恐懼想像，然後順利控制自己，讓自己做出行動。

當然，若單只是想像著和平、幸福就能照計畫行動是很好，但若是腦中冒出太多美好畫面卻完全沒有行動，最後的結果是不會出現在現實中的。

因為單只是在家祈禱是不會瘦下來或是有錢從天而降的。

不論是減肥還是賺錢，不行動就不會成為現實。

曾有人問過我：「若想像恐懼，那樣不會成為現實嗎？」但在成為現實化之前會有時滯，所以不用擔心。

若能利用恐懼踏出行動的第一步，接下來就確實將之切換成是對自己期望未來的想像

而行動吧。

恐懼與快樂這兩種情緒的平衡點可要自己確實掌握好。

不要把恐懼貼上不好的標籤，若能將恐懼拉為友軍並付諸行動，那就會是最棒的了。

「靈光乍現之事」是來自超意識的訊號

有很多人都跟我說：「雖然我有願望，卻不知道實現的方法。」後面會詳述碰上這種情況時該怎麼做，但建議可以去找出受歡迎的人，並模仿那個人。

找出過著你理想生活的人，然後去見他，這是最強而有力的方式。

如果可能，可以試著訪問一下對方是怎麼變成如今這種狀態的，那樣就能最快得知實現願望的方法。

但是若無法做到，或是沒有想法時，那就暫且不要去想方設法。

只要跟隨你的直覺，去做你腦中靈光乍現的事就好。

對於曾設定好的目標，超意識會用各種方式給予我們創意與方法，而那就是直覺與靈光乍現。

「靈光乍現之事」就是來自超意識的訊號。

例如眼前有著喝完的空保特瓶，而你想著「應該要丟掉」時，此時你就要立刻拿去丟，而不是忽視這念頭，要「立刻！」去做。

或許那是與目標完全沒有關係的事，但**在潛意識中，這些瑣事也全都是有連結的。**

以前，我早上很早起來的瞬間，也曾有過不斷冒出靈感的經驗，像是：「房租三萬六千日圓的套房。不用押金及禮金*，水費一千日圓，附冰箱與冷氣，附近有自助洗衣店。房子位在距離現今住處十分鐘以內可以到達的〇〇二丁目」。

我想著為什麼會這樣呢？因為想法過於鮮明而很在意，尤其我還沒預定要搬家，但我還是去了一趟房地產業者那裡。

我一進入店內，就有位年輕男性迎了上來，他問：「請問是要找房子嗎？」我問他：

---

*註：禮金，在日本租房要付一筆禮金給房東，表示謝謝房東將房子出租給自己。這筆錢之後退租也不會退還。

「請問在〇〇二丁目附近，有沒有房租約三萬六千日幣的套房呢？」結果他跟我說：「這樣的價格應該是沒有……但我去查一下。」並幫我去查了一下。

結果他說：「有了！」並讓我看的物件，完全符合了我早上浮現腦海的想像。我們一起去到現場看房子時，房子旁邊就有著自助洗衣店。

進入房間的瞬間，我直覺地想著：「就是這裡！」當場，我就決定了「要租！」然後我就開始在新房子展開了生活。

或許大家會覺得，住在那間房子跟現今的現實一點關係都沒有，但就是因為搬到那間房子的契機，我才能遇見現在和我一起朝夢想努力、在那附近工作的丈夫與好友們。

請不要忽視乍現的靈光。

乍看之下，或許看起來會與設定好的目標完全無關，但在潛意識的深處卻是相互連結著的，是打造你期望現實的重要碎片。

我有很多機會和實現了遠大夢想的人交談，經常會聽到他們這麼說：「那時候要是沒遵循著乍現的靈光去做，我也就不會成為今天的自己了。」「回顧過去，感覺所有發生的事都是一點一點連結而成的線。」

所有乍現的靈光都是有意義的。

簡單找出自己夢想與願望的祕訣

與某人相遇而欣喜，或是心情變糟時，我們的心靈就會對出現在眼前的人或發生的事做出反應，心靈實在是非常的坦率。

誠如前述，若是看著不斷自我誇耀的朋友會感到煩躁，那就是在你心中也有著想要獲得認可的欲望；若是看到很會撒嬌的人就覺得心煩，就是你的心中也有著想撒嬌的欲求。

我常會聽到人說：「我不知道自己期望著什麼。」這時候只要逆轉自己覺得討厭的感覺，就能看見自己的願望。

因為若是覺得討厭，在其反面就有著期望。

我從國中時代起，就有製作「理想男友的條件清單」。

同時，每次和交往的男友分手時，我都會冷靜地寫下自己覺得不協調的部分，弄清楚自己的理想男友，才能刻寫進潛意識中。

例如寫出像以下這些的嫌惡感：「討厭在路上吐口水的人」「討厭和家人關係不好的人」「討厭會束縛人的人」「討厭癮君子」等。只要像這樣寫下討厭的事項後，接下來則是寫出相反的事項。

這麼一來，就會出現像是「愛乾淨的人」「體貼家人的人」「溫柔對待朋友的人」「注重健康的人」這些形容。

就像這樣，**透過經常更新討厭事項的清單，就能明確化自己理想中的男朋友形象，漸漸地就能遇見接近理想的人**。愈是具體，遇見理想對象的機率就愈高。

其他還有像是我在大學時期打工時，很快就覺得膩了而無法長期持續下去，於是我就寫下了對打工處感到討厭的部分、覺得不協調的部分，然後做出逆轉。

結果發現我是對「單只是在做固定工作的環境」覺得膩了。我搞清楚了自己是期望著：「想和有著專業意識的人一起工作」「希望老闆將工作人員當成家人般重視」「能有活力地成長，並且愛自己」。

結果我就發現了前面提到過，在餐飲業界知名社長經營的餐廳在招募開幕式員工。

順帶一提，我去面試時，曾一度因為他們「不錄用大學生」而被拒絕，但我表達出自己的熱情：「我想要在社長的店中工作。我已經是大三生了，課程比較少，而且做好了覺悟，可以像一般員工那樣一週工作七天。」結果就被錄取了。這也是大能量推動現實的一個例子。

不知道自己期望著什麼時，請務必試著像這樣做出逆轉。

不僅是戀愛或打工的情況，**自己想要過著什麼樣的生活呢？想要怎樣的生活方式？會對什麼事感到幸福呢？這些都十分有助於弄清楚自己的願望。**

「嫉妒」是在告訴你期望的未來

各位是否曾經十分嫉妒過某人呢？

我在距今幾年前，在許多女性創業家們開始於線上活躍的期間，曾隨便地就對她們感到很憤怒。

當時，我正處於經濟很嚴峻的時期，完全是在鬧彆扭的想著：「為什麼就只有我那麼不順利呢……」

可是如今，我已經知道，那完全就是嫉妒。

為什麼我會嫉妒呢？因為我知道自己也有可能可以變成那樣。

例如我從來就不曾憧憬或嫉妒飛行員。那是因為在我心中，完全沒有想要成為飛行員的想法。

也就是說，之所以會感覺到嫉妒，是因為覺得自己也可以變成那樣。

找到嫉妒心，就會知道自己的願望。

以前曾發生過一件事。幾年前，我邀約朋友一起去看一個藝人的演唱會。我們很好運的能在舞台正前方看演唱會，主唱的腳就在我的眼前。

但對於那個狀況，我卻非常不高興，心想：「為什麼那個人是站在舞台上，我卻在舞台下呢？為什麼那個人可以在我眼前暢快的歌唱，我卻得仰望他呢？」（笑）。

我後來才察覺到，主要是因為我很羨慕他。**我想站在舞台上，比起聽的一方，更想成為發出訊息的一方，而這樣的願望就顯現成了對藝人的嫉妒。**

嫉妒是告訴你期望的未來的訊號。若湧現嫉妒，就試著把箭頭指向自己，找出為什麼嫉妒的原因。

請完全不要放過任何一絲心靈的風吹草動喔。

開創期望未來的方法

接下來要告訴大家實現期望未來的方法。

在此之前要先說，**直率**這個大前提**很重要**。只要自己的心有一點不老實，就無法用自己的方式輕鬆打造現實。

在本章中，直到目前為止，為了「聆聽心聲」，已經告訴過大家應該去做的各種方法。

去聆聽真正自己的欲求聲，而不是只看虛假的自己，樂在其中地去做吧。

STEP 1 明確知道理想的自己

提到理想的自己，人們多會在「若是自己，應該會是這樣」這樣的框架中去進行思考，但這裡所說的理想自我是以「什麼都能實現」為前提而想像出的自我。

別認為「若能這樣就好了，但那是不可能的」，自由幻想是很重要的。

具體化寫出理想的自己

進行具體化的作業時，要在放鬆的狀態下。

若是在躁動不安、忙碌、心情不好的狀態下書寫，真正的願望也很難浮現在腦海中。

重要的是，可以在泡澡時或喜歡的咖啡廳中等能讓心情沉著冷靜的地方，以悠閒的狀態書寫。**放鬆或開心時，潛意識之門就會開啟。**建議也可以邊聽喜歡的音樂邊寫。

例如以下這樣。

眼睛澄澈美麗、直髮、肌膚白皙透亮、笑容很可愛、嘴唇有光澤、上臂纖細、腰細臀翹、姿勢常保挺直美麗、走路姿勢俐落又帥氣、時尚感簡約又高級、具社交性、心情總是積極正面、性格表裡一致、有很多值得信賴的伙伴、平常的工作為講師，偶爾會巡迴全國演講、從事著週休三日的愉快工作、和丈夫與兩個孩子一起生活、家人感情很好且經常交談、年收超過一千萬日幣、友人三不五時會來家裡聚會、住在獨門獨院的房子裡、有養狗、總有人說自己「看起來很快樂」或是「很開朗、耀眼」……

就像這樣，請不要有所限制，具體寫出包括外貌（眼睛、鼻子、嘴巴、聲音、膚質、體型），以及姿勢、服裝、持有物、性格、工作、家人、朋友、經常被人說的話等關於「理想的自己」的細節。

此外，潛意識無法區別肯定與否定，所以不要使用否定詞，要用肯定詞書寫。例如若是寫下「沒有青

春痘」，就會在潛意識中刻入「青春痘」，這時候要寫成是「肌膚光滑如水煮蛋」。

我是比較會湧現出圖畫般的想像，所以會用畫來描繪出理想的自我，例如從頭髮處拉出一直線，寫下「有光澤」、從眼睛處拉出一條線，寫下「眼睛很美」等，用圖畫與文字表現出來。

我會想得頗具體後再畫成畫，所以也容易刻進潛意識中。

此外，每天若有感受到「這好棒！」「真想成為那樣的人啊。」的瞬間，建議也可以將其補寫進理想的自我中。

翻看雜誌時，若有讓你覺得「這個人的衣服真好看！」「真想住在那樣的家中！」的照片，也可以剪下來貼在喜歡的筆記本上。將想獲得的東西或生活方式貼在被稱為願景版的版子上的方法也很有趣。

在幾個月後、幾年後就會發現，自己已經獲得了貼在上面的東西，像這樣的情況也是時有耳聞的。興奮期待地剪貼，就能將之刻入潛意識中。

若是想具體寫下卻想不出理想自我的形象時，可以選出幾位自己喜歡的人，然後試著寫下自己喜歡那些人的哪些地方。

例如「喜歡長澤雅美迷人的笑容」，或是「喜歡菜菜緒凜然而不卑不亢的感覺」等。

此外像是「雖然不喜歡他做的事，但他超凡的魅力很吸引人」，或是「那個人雖然毒舌，但卻是受人喜愛的角色，所以很羨慕」等，雖然無法喜歡該人本身，但那個人身上若有著自己想採用的要素，也請寫出該項要素。

同時，要像「笑容迷人×凜然感×超凡魅力×受人喜愛的角色」這樣，只要結合喜歡的要素，就容易定義出理想的自我。

為了擴展想像，請務必一試。

為自己貼上標語

若是浮現出了理想的自己，**並且要用一句話來形容自己，你會為自己加上什麼頭銜（標語）呢？**

例如若是以業務成績第一名為目標，可以設定頭銜為「業務女王」；若理想是能鼓舞所有人，就是「行動能量場」。建議可以設定能提升心情的頭銜。

為什麼要設定頭銜呢？因為我們只要一鬆懈，就會立刻變回原來的自己。

要成為理想的自我，重要的是，要盡可能去想像那樣的自己，利用令人興奮的頭銜在日常中建立信念也很有效。在一天中不斷低唸著「我是業務女王」，乍看之下很奇怪，但透過將理想的頭銜說出口，就會自然地挺直背脊，這也是語言的力量。

只要稍微說出口，行為舉止就會與之相應，並確實刻在潛意識中，你的想法、言行舉止、各方面都會在無意識中出現變化，等注意到的時候，就真的會成為「業務女王」。

若如今還沒有開始這樣做，就別管太多，為自己設定會興奮的頭銜，然後說出口吧，言語的能量會帶來現實的。

寫出「理想的一天」「理想的瞬間」

其次是使用五感，讓理想自我的一天更具體化。

詳細寫出看到的景色、聽到的聲音、感觸……等等。

例如：「早上六點起床，喝下溫熱的白開水，打開窗戶，引進清冷的空氣換氣，沐浴在陽光下做著瑜珈。

一邊對庭園的花朵說『早安』一邊澆水，穿上喜歡的運動服去散步。

散步回來後，享用滿滿一盤的蔬菜當早餐，並與伴侶開心交談。

伴侶去上班時與他擁抱、親吻，送他出門，然後打開筆記本，確認今天一天的行程。

打開電腦，檢查郵件……」

請像這樣寫出「要是這樣就最棒、最開心了！」會讓人感到興奮不已的一天吧。

同時，也要將從週一到週日、從早到晚度過理想時間的方法寫入時間軸中，全部都要寫出來。這作業雖很花時間，但愈是具體就愈容易現實化，所以可以盡量膨脹想像，試著開心地去進行吧。

此外也建議可以寫出「理想的瞬間」。

例如想要孩子的人，可以試著想像「生下了孩子，將孩子抱在胸前的瞬間」。也可以寫下像是，地點是在婦產科醫院呢？還是助產所？生產時丈夫在身邊嗎？會高興成什麼樣呢？對寶寶說：「謝謝你出生了。我是你的媽媽，以後請多多指教喔。」的瞬間等。盡可能詳細地寫出這些場面吧

若是邊寫邊陷入感動的狀態，就是其被深深刻進潛意識的證據。

我有位顧客說：「我想交男朋友，然後從他那裡收到蒂芬妮的首飾禮物。」

因此，我請她將男友的容貌、性格、被告白的場面以及收到蒂芬妮時很開心的情形都寫下來，然後把想到的事、能做到的事全都做一遍。

自那之後過了四個月，**她真的被描繪出的理想男性所告白並交往，也收到了蒂芬妮首飾的聖誕禮物。**

在日常生活中，你是否費盡了心力及時間在眼前的現實上，很少時間去書寫出理想的未來呢？即便一個月只有一次好好空出這段時間來書寫，也能確實實現理想。

請你也務必將理想的劇本如寫故事般寫下來吧。

檢測自己是否真是興奮不已

若是沒對寫出的東西感到興奮不已，或是情況沒有符合時，請果斷捨棄。

因為是好不容易空下時間來寫設定，可能會想著「非做不可」「一定得那樣不可」。

例如有時會將社會上認為好的事物設定成自己的理想對吧？可是，若多少覺得有點奇怪、不協調，就要重新詢問自己：**「這真的是自己所期望的嗎？」**這點也很重要。

我想怎麼做呢？想成為什麼樣的人呢？

之前也說過好幾遍，不要用大腦思考，請聆聽你的心聲。**不要去採用不會令你心動的想法。**

若一個人想到陷入僵局時，建議可以向能夠信賴的人傾訴，自我揭露。也有例子是，透過與人對話，就能理解自己真正的願望。

不過，這時候請去找「你能信賴的人」「能無條件支持你的人」商量。

STEP 2

銘刻在潛意識中

若具體化了理想的自己，就會將未來自己的形象刻畫在潛意識中。

潛意識之門會在放鬆以及感到興奮時打開。

在步驟一中，在興奮地明確知道理想自己的時間點中，就已經將理想的自己刻畫在了潛意識中，但有個習慣可以讓你更強力地把這些刻在潛意識中。

那就是身為改變我人生一大契機的「粉紅呼吸法」！

改寫潛意識的「粉紅呼吸法」

誠如在第一章中所說過的，我是在國中二年級時遇見了「粉紅呼吸法」。

我利用了這個方法，在一個月內固定住了雙眼皮，且努力讀書到成為全學年的第一名、像換了一個人般變得開朗、一個月內被七個人告白、繳納了一億日幣的稅金等，實現了所有與期望一樣的現實。

我確信了「現實是由自己打造的」，是大為轉變我人生的方法。做法如後述。

這個方法能輕鬆改寫潛意識，請利用睡前的時間嘗試看看。

進行粉紅呼吸法時，因為很放鬆，所以也有幫助入睡的效果。建議可以將其當成每晚的習慣。

①從嘴巴吐氣十秒，吐氣時，想像將疲憊、恐懼、不安、糾葛、緊張等負面消極的感受全部吐出。

②用鼻子吸氣五秒，邊吸邊想像耀眼閃爍又美麗的粉紅色空氣浸透至全身細胞中。

③想像身體各處都變得清潔，重複①②五～十分鐘。

④在覺得髒汙全都從身體中排出的瞬間，想像理想的自我及實現時開心的場面並微笑。

訣竅是盡可能使用五感，想像自己最期望的場景。

若願望太多，能量會分散，初學者就先把願望集中成一個主題吧。

例如我國中二年級時想要變成雙眼皮，首先就集中於想像有了雙眼皮的自己。接著，請持續這樣的想像二～三個月試試。若是實現了，就進入到下一個主題吧。

和粉紅呼吸法一起進行想像這件事很簡單就可以做到，但效果卻很卓越！

STEP 3 開心地立即去做浮現腦海中的事

除了要將願望刻在潛意識中，在日常生活中，若有事情突然浮現在腦海中，在出現的瞬間，就要立刻去行動。浮現直覺時的那個時機點是有意義的，若浮現出來了，就要刻不容緩地去行動。

這樣迅捷的行動力很重要，但只要心靈敏感度高、確實帶著興奮的心情去想像理想的自己，身體就會自動動起來。

從未來的自己那裡獲得「答案」

若沒有直覺的人，就試著和未來的自己對話吧。

例如，若有人希望三年後可以成為理想的自己，就可以試著問：「我現在該做什麼

好？」「有沒有應該要注重什麼事呢？」

這麼一來，未來的自己就會告訴你一些答案，像是：「最好要去做〇〇唷」，或是「最好要去〇〇喔」等，請把這些全部寫出來。

然後一個勁兒地一一去行動。

沮喪及不順遂的時候也是，只要和未來的自己對話，未來的自己就會告訴你各種事情。

如果你腦中什麼都沒浮現、什麼都沒聽到，就要像前述那樣，建議「尋找並訪問接近理想自己的人（模範）」。

例如若是「以成為YouTuber為目標，卻煩惱於訂閱者數總難以成長」，就試著去見見人氣YouTuber。

然後請試著問他們做了些什麼，像是「該怎麼做才能成為那樣？」「日常生活中要注意的事有什麼？」等。

這是**成為理想自我的最快捷徑**。雖然看起來理所當然，但很意外的，很少人會去做也是事實。

若是無法馬上與對方見面，也可以試著使用SNS等管道與對方取得聯繫。

尤其是商業的場合，若不向先驅者學習他們所實踐的技能，就難以獲得成果。我至今為止投資最多的就是在這部分，若有機會能與這領域的專家直接會談，就要毫不遲疑的投資。這麼一來，就能加速獲得成果的速度。

若周遭沒有能作為模範的人，就使用「比自己先一步實現理想自我的人在哪裡呢？」這樣興奮的能量去尋找吧。

想著「反正才不會有那樣的人呢」去尋找，與想著「一定會有那樣的人！」去尋找時，尋找的速度會是完全不一樣的。

尋找模範的起點，就從改變尋找時的狀態開始。

充滿豐富能量的「黃金冥想」

採用黃金能量的冥想能讓粉紅呼吸法升級。

請在想讓一天從最棒心情開始的日子裡、開始需要專注力來進行的作業之前試試看。這麼做可以調整能量，能讓許多令你意想不到的開心事發生。

在 YouTube 上也有我的引導影片，影片中伴有能讓人放輕鬆的音源。請各位務必配合這部分一起活用。

①坐在椅子上，或是躺著也可以，採用能夠放輕鬆的姿勢，慢慢閉上眼睛，把注意力放在呼吸上。

②用嘴巴吐氣。吐氣時，想像吐出了所有疲憊、不安、糾葛與緊張等負面情緒。

③用鼻子大大吸氣。想像金色的漂亮能量沁染了每一個細胞。感受著隨著呼吸，身體會

漸漸放輕鬆地來進行。重複②③十～二十分鐘。

④在覺得體內負能量都排出的瞬間，想像黃金的管道穿透身體，與地球的正中相連結，感受著接地的感覺。

⑤慢慢睜開眼，回復意識。

YouTube

「早晨例行程序」讓運氣大大變好

若每天都進行了在此要介紹的「早晨例行程序」，就會不斷發生幸運的事，像是年收增加、碰上美好的邂逅等。

我在 YouTube 上也介紹過了，我收到來自觀眾的最大反饋就是這個。可以不用全部都做，請試著在能做到的範圍內進行即可！

①早上起來後，打開家中窗戶換氣↓第八十六頁

②朝向朝陽，向「祖先起誓」↓第一三七頁

③朝向鏡子微笑，誇獎自己↓第一八四頁

YouTube

一邊看著洗臉台的鏡子微笑，一邊對鏡中的自己說話，像是：「今天也很可愛呢。」「很好喔。又變漂亮了呢。」「今天一定會發生好事呢。」一開始或許會有些抗拒，但只要持續說下去，就真的會那樣想了。

④把洗手台的水滴擦拭乾淨↓第一一八頁

⑤不戴手套打掃廁所↓第八十八頁

一開始雖會有點抗拒，但只要習慣就能平心靜氣面對了。看著髒汙處，心懷感謝，人生就會好轉。

⑥六方拜↓第一四一頁

⑦活動身體

可以做廣播體操或伸展！若是從早上就開始運動，就能「讓運氣動起來」。

⑧外出遇見人時，主動打招呼↓第一二四頁

沐浴在朝陽下散步二十分鐘左右，就能提升大腦的轉動速度。

⑨感謝神明

去參拜在附近的神明，對今天也能健康生活表達感謝。

⑩ 飲用果昔

將能攝取到水果、蔬菜、大豆蛋白的健身專用補給品放入攪拌機中，然後只要打開開關就能製成。喝下後不僅可以重設味覺、讓感覺變清明，肌膚光澤也會變好。

轉眼間提高幸福感的「腸活習慣」

容易感受到壓力或不安的人，請務必挑戰調整腸內環境。

我也匯集統整了「容易分泌血清素的習慣」，請各位務必去做，以提高幸福感。

●早晚喝一杯熱開水

●早晚進行「粉紅呼吸法」或「黃金冥想」↓第二三二、二三八頁

●做日光浴↓第八十七頁

●有節奏地走三十分

首先從五分鐘開始，試著走一站公車的距離，然後一點一滴增加步行的時間。

●每週進行一次節食↓第九十六頁

●放下感覺不自然的東西↓第七十二頁

●**攝取富含食物纖維的食材（海藻類、菇類等）**

富含水溶性膳食纖維的食材尤其能排毒。

●**攝取發酵食品（納豆、泡菜、米糠醃菜、發酵調味料等）**

增加好菌，調整腸內環境。

●**食物嚼三十次以上，好好品嚐後再吞下去** ↓第九十七頁

●**一天喝兩公升的水** ↓第九十七頁

●**嘴角上揚** ↓第一八四頁

●**入浴以溫暖身體**

●**從睡前兩小時起就不碰手機、電腦**

●**在晚上十點至凌晨兩點間就寢**

睡覺期間腸道比較容易活動，也能提高睡眠品質。

結語

我國中二年級的時候，正如本文中所提到的，當時的我對自己完全沒有自信，也不信任雙親。只要去學校，觸目所及都是說老師以及同學壞話以炒熱氣氛的人。

明明是不喜歡的社團活動，卻因為「非參加不可」而不情不願的入社，導致身心都生了病，失去了活下去的希望。

處在這絕望深淵之時，透過網路，我得知了「潛意識」的可能性。我摸索著進行實驗，結果外觀、性格、成績，全都變成了理想的狀態。

從那時候起，我就確信：「自己的人生是由自己創造的。」「不論發生什麼狀況，一切成敗都看自己！」並且心懷希望地活了下去。

我體會到，自己只是隨便想著「自己很不幸」而活著而已。

「自己現在是活著的」，這件事有多了不起呢？

甚至只要改變對活著的這個世界的看法，人生就會大為轉變，現在世界正處於巨大的變革中，要能在這種殺伐的狀況中幸福生活，**就必須要讓「心靈狀態」比以往處在更理想的狀態中，這點很重要**。

這個世界上，還是有很多人覺得活著很痛苦，正是在這樣的時機點中，我才希望盡可能將自己找出的生存希望，像是「自己擁有的超讚可能性」「增強心靈肌力的方法」推廣給更多人知道……我正這麼想的時候，角川的河村先生來請我將我經營 Youtube 的感想一併寫成書出版。

「我將此前受到了人生前輩的教導，實際去做並出現了變化的事情都寫進了這本書。」

我覺得很慶幸的是，有受教於很棒的老師，像是告訴我潛意識的尾崎先生、酒井先生；教會我心靈理想狀態的元辻先生、田畑會長、山路會長……其他還有寫不完的許多人都為我指出了道路。

作為回報，我想將這些教喻告訴許多人——我這麼想著，並將自己的想法傳達給電子雜誌的讀者們，結果有超過一千名的讀者申請報名「讓我們一起將這本書推廣到世上吧！」以及「Honami應援團」。

為了將這本書送到尚未遇見潛意識的各位手中，他們給了我關於書名以及設計的意見、鼓勵初次出書而有些怯懦的我。而且在預售的時候，這本書就賣上了商業書週間排行榜的第一名，對此，他們將其視同是自己的事般為我感到高興。

我是頭一次出書，以河村先生為首的角川的各位、協助我編輯的ＲＩＫＡ先生，都很細心地在我身邊幫助我，讓我順利完成這本書。

許多人「希望這世界變得更好」「希望能將眼睛看不見的無限可能性傳達給更多人知道」的想法都彙集在了這本書中。

同時，我想問問拿起這本書閱讀至此的各位。

現今，你們有著什麼樣的感受呢？

是否實踐了本書的內容？
心靈上是否有出現變化？
現實中有出現什麼變化嗎？
我實在非常想和你們談談！

總之，持續去做很重要，但在此之前，應該也有人會不安地覺得，只靠自己一人是否能持續做下去。

因此，為了閱讀至此的你，我準備了一份禮物。掃描這裡的QR Code加我為好友，就能看到為了讓你理解比這本書內容更深刻的音聲、動畫。（在LINE上搜索ID「@honami2021」，也可以加我為好友。不要忘了@喔）

只要一想到能透過LINE與你有連結，我就很興奮。

此外，像你一樣有實踐本書內容的同伴們會在IG或推特上使用「#ホナチャレ」「#大丈夫すべて思い通り」這樣的標籤，貼出實踐或體驗談的文章。這些貼

文都是提升能量的貼文，請務必一看！

同時，若你能將試著去做的事情或是有出現變化的部分貼文分享就太令人高興了。我也全都會看喔！

我的夢想之一就是**「用心串連起打心底感到幸福地活著的所有人並成為一個圓」**。我在書中也說過了，我想打造一個場所，連結用愛與感謝的能量而活的人們，讓大家一起成長。

能實現那夢想的其中一個部分就是SNS。

有超過二十四萬人對像是這本書內容的這一類事情都很有興趣，會在YouTube、IG、推特等SNS上追蹤我，至今人數仍持續在增加中。除了自己的變化與感動，大家還會把這些告訴自己珍視的人，透過口耳相傳來感染喜悅。

而只要想到因為這樣的喜悅循環，就能讓世界愈變愈好，我自己也會感到興奮不已！

今後，不論這世上發生什麼事都沒問題的！

因為有你的心，一切都會如你所願地，開創出你想要的現實。

今後，若能與你一起開心走向更光明的方向，那將會令人非常快樂。

最後，我要向在我痛苦時一直在身邊支援我的丈夫；最好的朋友香織、麻衣、美香；潛意識指導課程的畢業生；潛意識訓練生們；TeamW 的伙伴們……由衷致上感謝。因為有幸遇見各位，能與大家有所連結，才造就了今日的我。

我衷心期待能帶著笑與你在某處相遇。

今後的世界，將會愈發充滿愛與和平……

Honami

Note

國家圖書館出版品預行編目資料

沒問題!一切都能稱心如意 : 善用潛意識,打造夢想人生/ Honami作 ; 楊鈺儀譯. -- 初版. -- 新北市 : 世茂出版有限公司, 2022.06
面； 公分(新時代 ; A26)
ISBN 978-986-5408-91-6(平裝)

1.CST: 潛意識 2.CST: 潛能開發

176.9 111005014

新時代A26

沒問題！一切都能稱心如意：善用潛意識，打造夢想人生

作　　者／Honami
譯　　者／楊鈺儀
總　　編／簡玉芬
責任編輯／陳美靜
封面製作／林芷伊
出 版 者／世茂出版有限公司
地　　址／(231)新北市新店區民生路19號5樓
電　　話／(02)2218-3277
傳　　真／(02)2218-3239（訂書專線）
劃撥帳號／19911841
戶　　名／世茂出版有限公司
單次郵購總金額未滿500元（含），請加80元掛號費
世茂網站／www.coolbooks.com.tw
排版製版／辰皓國際出版製作有限公司
印　　刷／傳興彩色印刷有限公司
初版一刷／2022年6月

ＩＳＢＮ／978-986-5408-91-6
定　　價／380元